LE DUC
ET
LE PAGE,

Roman de Moeurs,

Par E. L. B. DE LAMOTHE-LANGON,

AUTEUR DE M. LE PRÉFET, DE L'ESPION DE POLICE, DE LA COUR D'UN PRINCE RÉGNANT, DU GRAND SEIGNEUR ET LA PAUVRE FILLE, DU FOURNISSEUR ET LA PROVENÇALE, ETC.

> L'éducation, l'exemple, le gouvernement dans lequel on se trouve jeté, enfin l'occasion, nous déterminent a la vertu ou au vice.
> C. M. PETIT.

TOME QUATRIÈME.

PARIS,

LACHAPELLE, éditeur, rue Saint-Jacques, n. 75;
LECONTE et POUGIN, quai des Augustins;
PIGOREAU, place Saint-Germain-l'Auxerrois;
Mme veuve BECHET, quai des Augustins;
CORBET, quai des Augustins, n. 61;
VAVASSEUR, Palais-Royal.

1831.

LE DUC
ET LE PAGE.

CHAPITRE XXXI.

Des conversations détachées.

Misce stultitiam consiliis brevem ;
Dulce et desipere in loco.
HORACE, liv. IV, ode II.
Mêlons à la sagesse un peu de folie,
rien n'est si doux que de s'oublier un
moment quand l'occasion le permet.

Quelles que fussent les dispositions intérieures de tous ceux rassemblés chez Sophie de Lagrange, le souper fut gai, parce qu'en France, quand on est en nombre, le dernier sacrifice que l'on fait c'est celui du plaisir. La jalousie des femmes contre Noéline, le dépit des hommes en raison des succès d'Exupère, tout céda au besoin de se récréer et de se distraire peut-être des inquiétudes de la journée. Noéline même, presque rassurée sur les dispositions à son égard de son amant, se montra ravissante et fit preuve d'un esprit enjoué que celui-là ne lui soupçonnait pas. Une noble émulation le saisit ; ne voulant pas demeurer en reste, il déploya de son côté les ressources de son imagination, et parvint à briller réellement au point de faire dire à mademoiselle Duthé : il est dommage que le comte de Mauran n'ait pas mieux placé ses inclinations et qu'il ne sache distinguer qu'imparfaitement le mérite de telle ou telle femme.

Noéline et lui jouissaient tour-à-tour de leurs succès, et par des regards de satisfaction et de tendresse, s'en félicitaient réciproquement. Sophie, qui en prenait sa part, éprouvait bien peut-être quelque peu de mauvaise humeur ; mais c'était un éclair, elle aurait été honteuse de la faire connaître. Il y avait là deux dames qui, en se complimentant beaucoup, ne pouvaient se souffrir réciproquement, l'actrice Contat et la demoiselle du monde Duthé, toutes les deux en pleine rivalité pour une altesse royale, dont elles se disputaient la bourse et le cœur.

Aussi que d'aigreur il y avait dans

leur politesse, et d'épigrammes dans leurs complimens! On savait chez Sophie leurs prétentions respectives, et l'on admirait comment elle s'était exposée à les réunir; mais chacune se retenant afin de ne pas faire perdre le respect qu'on se croyait dû, ne dépassait pas les limites de l'urbanité apparente. L'habitude de vivre sans cesse avec les seigneurs de la cour leur apprenaient à se haïr sans éclat, à se blesser l'une envers l'autre sans bataille apparente : c'était un avantage de l'ancien régime, le seul peut-être de cette époque, mais dont on ne retrouve plus de traces maintenant; notre franchise est toute grossière et nos formes sont celles de gens qui n'en ont point.

On parla de cent objets plus importans les uns que les autres : de la coupe des robes à la mode, de la guerre d'Amérique, du chignon ébourriffé de madame de Villeroi, de la mort prochaine du grand Frédéric qui n'eut pourtant pas lieu ; de je ne sais quel vaudeville et des intrigues de Versailles. On savait que le prince de Montbarrey était à la veille de quitter le ministère, et le marquis de Crénant, qui se disait fort instruit, nomma tous ceux qui le remplaceraient certainement, hors M. de Ségur, son successeur positif, ainsi que l'on sait. La Reine ne fut pas ménagée, c'était d'usage. Exupère seul prit sa défense, et le chevalier de Telnange, pour calmer la surprise générale, dit d'un ton mystérieux que son ami avait d'excellentes raisons pour se montrer satisfait de Marie-Antoinette.

Ce mot fut à peine lâché, quoiqu'Exupère essayât d'en détruire l'effet, que la position des convives vis-à-vis le premier page changea subitement ; ce fut une augmentation de prévenances, de soins particuliers ; on redoubla de joie à chacun de ses propos ; on l'admira de tous points, et quand on se leva de table, les deux financiers trouvèrent séparément le moyen de lui faire des offres de services, en lui déclarant que leurs caisses étaient à sa disposition.

Exupère, fâché de ceci, ne pût s'empêcher d'en manifester de la peine à Telnange, qui lui répliqua :

« Mon cher ami, les ruses de guerre sont permises; or comme je me propose de faire simultanément un emprunt aux coffres forts de MM. Bertin et Boullongne, j'ai voulu m'en faciliter les approches par la bonne fortune que je t'ai attribué. Sais-tu que dès cette heure-ci je suis devenu pour eux un homme d'importance, de cela seul que je te tutoie et que tu me traites avec familiarité ? D'ailleurs, qu'importe à la Reine que ce soit toi qu'on lui donne, ou Lauzun, ou Coigny, sans laisser Vaudreuil en arrière? Est-ce que Tilly ne se vante pas vis-à-vis ses créanciers de posséder les bonnes grâces de la fille auguste de Marie-Thérèse? »

Exupère n'eut rien à répliquer à

une raison de cette force ; néanmoins il souffrait d'aider à compromettre une Reine qui lui témoignait de l'amitié. Vainement continua-t-il de protester contre tout rapport avec elle : on vanta sa discrétion, et ce fut tout ce qu'il put obtenir. Un instant après le marquis de Crénant le prenant à part :

« L'indiscrétion, lui dit-il, de Telnange, m'explique le bonheur avec lequel hier à Versailles vous vous êtes démêlé du fâcheux incident de l'ecclésiastique.

» — Mais, dit Exupère, ce que l'on a débité à ce sujet était une calomnie.

» — Oui, je sais qu'on est convenu de parler ainsi, et puisque ce drôle est mort on fait bien de le dire en vie.

» — Comment mort ! s'écria Exupère, il se porte aussi bien que vous et moi, et s'il vous plait que je vous l'envoie, il aura hâte d'y courir pour peu qu'on lui certifie de votre liaison avec l'évêque d'Autun. »

Le marquis hochant la tête et riant du rire de l'incrédulité :

« Fort bien, on le ressucite à la faveur de quelqu'un qui lui ressemble. Ah! monsieur le comte, sans la protection dont la Reine vous enveloppe...

» Monsieur, répliqua Exupère avec une froide colère, je dois être cru sur parole, et je nie tout ce que vous présumez exister.

» — Mon dieu, jeune homme! ne vous fâchez pas, et puisque vous tenez tant à l'existence de cet ecclésiastique, je suis capable de signer pour vous obliger que ce n'est pas son enterrement qui a passé l'autre semaine sous ma fenêtre. »

Quoique pût faire Exupère, il ne put tirer autre satisfaction du marquis, dont l'âge d'ailleurs méritait des égards, et qui avec une bonhommie bienveillante, persista cependant à le charger d'un crime affreux. C'est la marche constante de la société: elle se cramponne après une calomnie comme elle devrait le faire après la vérité, et fait de tout mensonge une portion de celle-ci.

Cependant la conversation devenait générale; les anecdotes scandaleuses se succédaient en feu roulant. *Entre nous*, disait-on, et cette préparation permettait des récits qui emportaient la pièce et avec laquelle on déchirait impunément la cour et la ville. On s'amusait beaucoup; les soupers étaient si agréables ! nos déjeûners à la fourchettes en sont l'antipode ; on est toujours pressé de dépêcher ceux-ci afin de courir aux rendez-vous d'affaires, tandis qu'on prolongeait ceux-là le plus possible, car la journée terminée, il ne restait plus qu'à se délasser.

Il vint quelques visites : des hommes principalement; la causerie en reçut un nouveau véhicule; elle était très animée, si bien que le duc de Fronsac entra sans que tous ceux qui étaient là l'eussent entendu nommer. Il s'approcha de la cheminée ; saluant à droite et à gauche ceux dont il saisissait un regard, et finit par se trouver face à face avec Exupère et Noéline, que certes il ne s'attendait pas à trouver réunis dans le salon de Sophie de Lagrange. Le duc possédait dans toute leur étendue les qualités du courtisan, la dissimulation, la souplesse, la fausseté, l'art de cacher sous une figure riante les douleurs les plus aiguës dont une ame puisse être frappée. Eh bien! malgré sa science d'astuce, il lui fut impossible de se rendre maître de son premier mouvement. Qu'exprima celui-ci? de l'étonnement, de la frayeur, du dépit, de la colère peut-être : toutes ces affections réunies éclatèrent à la fois sur ses traits ; mais ce ne fut que pendant une seconde. Il se hâta de se commander un extérieur calme et composé, et la décoration de son visage changea avec une extrême rapidité.

Noéline, à sa vue qu'elle remit parfaitement, ne put maîtriser aussi bien la surprise accompagnée d'un peu de frayeur, moins complète néanmoins depuis qu'elle était sortie de la retraite, et qu'elle avait appris combien il est facile à une jolie femme, que les hommages publics environnent, de combattre avec avantage les caprices d'un persécuteur puissant; mais voir tout-à-coup un homme qu'elle détestait, se trouver en présence de celui qui devait être fâché contre elle et qui pourrait avoir la fantaisie de se venger, furent les sentimens qui la saisirent d'abord; et son second regard se portant sur Exupère, se montra suppliant comme s'il se fut agi de demander grâce pour elle ou pour le duc.

Exupère, surpris à l'improviste et point préparé encore à voir M. de Fronsac aussi près de lui, sentit battre son cœur avec violence, et le sang monter à ses joues avec non moins de vivacité; il s'alluma dans ses yeux des éclairs qui étincelèrent et que son ennemi ne vit pas ou ne voulut pas voir. Cependant, lui-même touché par l'expression d'épouvante de sa jeune maîtresse, par le souvenir des promesses faites au maréchal de Richelieu, tâcha de se vaincre et de surmonter le penchant intérieur qui le poussait à ne point retarder la punition de cet homme coupable.

Ce fut donc avec presque de l'indifférence qu'il rendit au duc le salut dont le duc l'honora ; mais il ne put lui adresser le premier la parole, et parconséquent lui faire les civilités que la différence de leur position sociale lui commandait impérieusement. M. de Frousac, plus occupé de Noéline que d'Exupère, ou peut-être le feignant, ne s'amusa pas à jouer à l'étiquette; il s'arma d'une gaîté de circonstance, et s'adressant au premier page :

« Comte de Mauran, lui dit-il, je crains de ne pouvoir jamais prendre avec vous la revanche de toutes les parties que vous me gagnez, et certes, poursuivit-il en désignant Noéline par un salut respectueux, en voilà sans doute la plus regrettable. Voudriez-vous, mettant à part tout souvenir du passé, me présenter à la femme charmante qui, ne voulant pas de ma protection, a trouvé plus doux de passer sous la vôtre?

» — Du moins, monsieur le duc, répartit Exupère, l'a-t-elle fait volontairement; la contrainte n'est pas dans mon caractère.

» — Oh! vous avez assez de qualités brillantes pour n'être jamais dans le cas de suppléer à votre peu de mérite par des moyens qui ne réussissent pas toujours. Félicitez-vous de cet avantage, et ne faites pas aux autres un crime d'agir autrement. »

Il y eut tant de bonhommie affectée, tant de légèreté apparente dans ce propos, que s'en fâcher était impossible.

Il semblait, à entendre M. de Fronsac, que lorsque l'on ne pouvait plaire, le dol et le rapt étaient de rigueur. Ainsi le monde excuse avec de la frivolité les actions les plus condamnables.

« Mademoiselle, dit alors le duc à Noéline, me pardonnerez-vous mes torts ? leur excuse est dans votre beauté, qui devient de plus en plus enivrante. Mais, bon dieu ! comment vous trouvez-vous ici ? Je croyais que le comte de Mauran ne rencontrerait jamais assez à sa fantaisie un dragon propre à garder un aussi riche trésor.

» — J'ai cru plus prudent de la confier à la foi publique, répondit Exupère, bien certain que désormais pour me l'enlever on ne tenterait rien que de loyal.

» — Vous avez pris le bon parti, dit le duc, et j'admire votre adresse. Vous vous formez, M. de Mauran ; aussi puis-je me flatter que vous êtes à bonne école.

» — J'y étais, Monsieur, tandis que désormais je tâcherai d'essayer de me servir de mes propres ailes.

» — Et vous ferez bien ; il n'y a que le faucon niais qui prolonge son éducation au-delà du temps marqué par la nature. »

Tandis que ces phrases s'échangeaient, Noéline cherchait à surmonter sa crainte et sa douleur ; elle avait devant ses yeux l'auteur de la mort de sa mère, l'homme qui par son audace avait entièrement changé son sort et qu'elle haïssait autant qu'il lui paraissait redoutable ; mais elle comprenait qu'il fallait faire des sacrifices aux exigences du moment, éviter surtout un éclat dont les suites seraient funestes, puisqu'il compromettrait nécessairement Exupère; aussi prenant à son tour tout le courage extérieur dont elle put disposer, elle essaya de répondre aux nouvelles attaques de M. de Fronsac.

Celui-ci, instruit du mauvais succès de son intrigue contre le premier page, ignorait que son propre nom eût été connu. Le maréchal de Richelieu, avec la prudence et l'expérience de son âge, avait exigé du prince de Montbarrey qu'il ne confierait pas à son fils que par un accident fâcheux sa lettre avait été mise sous les yeux d'Exupère, de sorte que M. de Fronsac s'imaginait ne pas être soupçonné de ce vilain méfait; il en prenait plus d'assurance et ne prêtait point aux propos du jeune homme tout le sens que celui-ci leur donnait. Cette réticence avait été un coup de parti de M. de Richelieu, car sans elle un duel serait devenu la conséquence certaine de la première rencontre de deux ennemis.

Noéline ayant surmonté son émotion et encouragée par le désir de tourmenter le duc en se montrant à lui sous un jour plus favorable, donna l'essor à sa gaîté naturelle, et presque devint malicieuse tant elle tenait à se venger. Elle réussit dans son projet au-delà de ses espérances. M. de Fronsac, confondu de son aisance, de son amabilité, et blessé par son persifflage, éprouva un vrai chagrin qu'il manifesta plusieurs fois involontairement. Las de combattre avec tant de perte, il se retira enfin vers Sophie, qui le suivait de l'œil avec une satisfaction marquée.

« Depuis quand, lui demanda-t-il, avez-vous fait la connaissance de mademoiselle Georgal?

»— C'est mademoiselle Montaubert que voulez dire, répondit Sophie.

» — Ah! déjà un nom de guerre!

» — Pourquoi pas? elle est assez jolie pour en prendre trente. Vous savez donc qui elle est?

» — Eh ! certainement. Vous n'ignorez point mon aventure avec elle ; une femme ne fait jamais faute de porter des plaintes contre celui qu'elle n'a voulu aimer.

» — Mon dieu ! combien vous savez témoigner la frayeur que je ne sache vos affreux procédés envers elle ! Comparez-les maintenant aux miens envers vous, et que la présence ici de cette séduisante créature soit ma réponse complète et ma justification irrécusable à la scène odieuse que vous m'avez faite un jour. La voilà enfin expliquée cette lettre aliment de votre jalousie, et dont il ne me plut pas de vous expliquer le sens. Je voulais, dans l'intérêt de Noéline, sauver son amant des piéges de la belle effrontée qui minaude derrière vous avec le vieux Boullongne, et je vous connaissais trop bien pour vous mettre dans cette confidence. Suis-je encore coupable à vos yeux? »

CHAPITRE XXXII.

Un caractère ne change pas.

Quicumque turpi fraude semel innotuit,
Etiamsi verum dici, amittit fidem.
Phèdre, fable 10, liv. 1.

Celui qui s'est fait connaître une fois par quelques fourberies, mérite qu'on ne le croie pas quand même il dit une vérité.

———

Le duc de Fronsac, outre beaucoup d'esprit naturel, possédait encore un grand usage du monde et une perspicacité peu ordinaire. Il savait quel fond il fallait faire sur la franchise des demoiselles de l'Opéra non moins que sur celle des femmes de la haute société, et pourtant dans cette circonstance il donna à plein collier dans le conte que lui fit Sophie. Tout ce qu'elle disait avait une apparence si plausible, qu'il en demeura émerveillé, et pour cette fois le soupçon en permanence dans son cœur en partit subitement. Aurait-il pu imaginer que la friponne, saisissant à la volée pour ainsi dire une occasion favorable, la ferait servir à se blanchir de tout point ? Fâché dès-lors de l'avoir accusée sans raison, il lui prit la main, la serra avec une expression de repentir fort plaisante, et la danseuse étouffa sous un soupir mélancolique le rire-fou qui allait la gagner.

Pendant ce temps Hermine, toujours courroucée de la conduite impolie du premier page à son égard, et tenant à remplir sa promesse, vint à lui tandis qu'il était engagé dans une conversation active avec Noéline.

« M. de Mauran, lui dit-elle, je voudrais me retirer, et je crains les mauvaises rencontres en route. Vous m'en avez souvent préservée, et je vous demande de le faire encore ce soir.

» — Que mon regret est extrême, répondit-il, de me voir obligé de me remettre d'une garde aussi agréable sur le meilleur de mes amis, poursuivit-il en désignant Telnange alors à ses côtés. Mademoiselle de Montaubert a déjà réclamé mon assistance, et il faut de tels engagemens pour me priver du bonheur de faire l'office du guet auprès de vous.

» — Il paraît, répliqua Hermine avec une aigreur non déguisée, que Mademoiselle à tous ses mérites joint une prudence digne d'éloges : elle choisit à l'avance ses cavaliers, et pourtant n'en manquerait pas si elle voulait avoir quelqu'égard aux droits d'ancienneté.

» — Ah! par ma foi, s'écria Telnange, mademoiselle Hermine a raison ; les droits acquis ont toujours passé les premiers, surtout lorsque l'âge les a rendus respectables.

» — Vous êtes peu galant, M. le chevalier, dit la danseuse à ce mot d'*âge* qui l'offensait ; car, quoique bien jeune encore, Noéline l'emportait sur elle en ceci. Je parle, ajouta-t-elle, des droits que l'on tire du sentiment.....

» — Combien en avez-vous acquis de ceux-là, Mademoiselle, depuis votre liaison avec Mauran ? répartit le chevalier en faisant une profonde révérence. »

Cette question impertinente décontenança Hermine, qui ne trouva rien à répondre, et qui néanmoins s'en consola en remarquant le chagrin que les allusions qu'elle venait de faire à une ancienne intimité, avaient causé à sa jeune rivale. Exupère ne parlait point, laissant la querelle engagée entre son ami et Hermine, et en même-temps évitant de porter ses regards sur Noéline, furieuse à la révélation d'une nouvelle infidélité. Cependant Hermine, qui tenait à l'exécution de son projet avec l'opiniâtreté d'une femme que l'amour-propre entraîne, s'adressa directement à Noéline en demandant qu'elle lui cédât son chevalier pour ce soir. La jeune fille hésita un instant sur ce qu'elle avait à dire; puis enfin, prenant son parti :

« Si je ne consultais, dit-elle, que le plaisir que procurerait au comte de Mauran l'honneur de votre compagnie, il est hors de doute que je renoncerais à la sienne ; mais, Mademoiselle, vous avez appuyé votre requête sur l'ancienneté de vos droits, et c'est sur les miens que je placerai mon refus. Tout me porte à croire que je connais monsieur avant qu'il vous adressât ses hommages, et que ce n'est pas vous à lui reprocher de les avoir parjurés. »

Ceci était positif ; Hermine ne put insister plus longtemps, car elle aurait joué à la fin un rôle ridicule. Telnange se hâta de lui dire :

« Vous serez obligée par nécessité, Mademoiselle, de vous contenter de mon bras faute de mieux.

» — Ce pis-aller, Monsieur, sera pour moi une excellente affaire, à moins que dans le salon il n'y ait une dame qui ne soit encore mon ancienne; car il me semble que je joue de malheur, ou que les autres ont commencé leurs campagnes de bien bonne heure. »

Cette épigramme qui fit rire, vengea Hermine de sa défaite, et Nocline en rougit à demi, moins contente de l'emporter sur elle que fâchée de rencontrer à chaque pas la preuve des infidélités nombreuses de son féal amant. Elle partit donc avec lui, et sans doute que l'espace de temps qui s'écoula jusqu'au lendemain fut également consacré à la querelle et au rapatriage.

Ce lendemain trouva le duc de Fronsac de très-mauvaise humeur; il grondait ses gens, brusquait ceux qui venaient solliciter ses bons offices, et rabrouait jusqu'à ses créanciers; il se promenait à grands pas dans sa chambre, croisant ses bras, et tantôt en frappant l'air avec fureur.

« Oui, se disait-il, il y a une funeste étoile qui obscurcit la mienne; cet enfant m'a été présenté pour me faire honte et envie; il me vainct en tout ce que j'entreprends, réussit à Versailles, plait à la ville, et a déjà des rapports familiers avec la Reine; non, de par Dieu! je ne me laisserai point battre par lui, et je trouverai le moyen de le noyer de manière à ce qu'il n'en revienne pas. »

On annonça l'abbé Romar, qui entra pâle et décontenancé plus que de coutume; une épouvante extrême se peignait sur ses traits désagréables, et il regarda dès l'abord le duc avec une mine piteuse:

« Vous voilà, caffard imbécille, lui dit ce dernier, vous qui ne savez rien faire, et qui devez vous préparer à mourir sous le bâton!

» — En êtes-vous certain, Monseigneur? répartit l'abbé; je me meurs de peur que mon ex-disciple ne me joue un mauvais tour; j'ai su que le ministre de la guerre lui avait remis ma plainte, il me cherche, et il se peut....

» — A votre place, l'abbé, je me sauverais en toute hâte dans un coin obscur de la France, car franchement il ne fait pas bon ici pour vous.

» — Et mon bénéfice, Monseigneur, est-ce que je ne l'obtiendrai pas? ne m'est-il pas assuré par mon dévoûment à votre personne? vous me l'aviez promis pour prix de mes démarches, et certes il me le faut, car enfin...

» — Votre bénéfice! que voulez vous que j'y fasse? oserai-je solliciter pour vous, mon pauvre cuistre, maintenant que la Reine vous a déclaré calomniateur ?

» — La Reine, grand Dieu ! s'écria l'abbé en frappant des mains, elle prend fait et cause en ceci afin de m'enlever le prieuré de Fontaude; allons, allons, il m'est prouvé maintenant jusqu'à l'évidence qu'elle travaille contre la paix du royaume en faveur des Autrichiens ; mais qu'importe, monsieur le duc, j'ai votre parole, elle est sacrée, et je ne me suis perdu que pour vous.

» — Et pour votre intérêt, méchant prêtre ; vous vous damniez autant en mon nom qu'au vôtre.

» — Mon bénéfice ?

» — Qu'il aille au diable avec vous.

» — Et moi dans ce cas je vais me jeter aux pieds de votre illustre père, lui raconter mes mésaventures, et à quelles instigations j'ai cédé.

» — Si vous étiez capable d'une pareille scélératesse, je vous étranglerais à la première rencontre... Vous tenez donc beaucoup au prieuré de Fontaude?

» — Plus qu'à ma vie.

» — Et certes plus qu'à votre ame. Eh bien! il y a un moyen de l'obtenir, écoutez-moi attentivement de vos deux longues oreilles, et gardez bien dans votre mémoire ce que je vais vous confier. »

Un long colloque s'ensuivit; l'abbé consentit à tout, sous le serment que lui fit le duc de le conduire lui-même chez le ministre de la feuille.

Peu de jours après ces événemens Thomas Muller entra un matin dans la chambre d'Exupère, et lui dit d'un air embarrassé qu'il y avait à la porte de l'appartement un personnage qui voulait absolument lui parler.

« Que ne lui disait-on que je suis encore au lit. (Et c'était vrai.)

» — Il insiste, Monsieur, à toutes mes observations, et prétend qu'il ne s'en ira pas sans vous avoir vu.

» — Est-ce un de mes créanciers ? Cette engeance est tenace au possible.

» — Non, monsieur.

» — Le connais-tu ?

Thomas hésita et répondit affirmativement.

» — Qui donc est-il ?

» — Ah! Monsieur, je n'oserai jamais vous le dire, et si vous vouliez m'obliger il faudrait me commander de le jeter par la fenêtre.

» — Ah! le misérable, s'écria Exupère en faisant un bond dans ses draps, je gage que c'est l'abbé Romar?

» — Oui, Monsieur, lui-même en personne, à moins que le diable n'ait revêtu sa soutane, ce qui ne me surprendrait point, et de ce dont il serait convenable de se défier.»

» La réplique naïve de Thomas fit presque rire Exupère, malgré son courroux contre l'abbé.

» Chasse-le, dit-il, ensuite prends une canne et assomme-le sur la place, je me rends responsable de tout.

» — Hélas! Monsieur, je vous obéirai sans doute si cela vous convient ; mais il ne partira pas, car il est décidé à tout pourvu qu'il vous voie ; il pleure, se lamente ; il m'a fait pitié, quoique je ne puisse le souffrir depuis que je counais sa conduite infernale.»

Exupère réfléchit un instant, et la bonté de son caractère le sollicita en faveur du réprouvé. Peut-être s'y mêla-t-il une certaine curiosité de savoir la manière dont Romar colorerait l'indignité de ses procédés ; il céda donc et donna l'ordre de l'introduire.

La position élevée d'Exupère sur le lit où il était, lui fit apercevoir deux jambes qui cheminaient tandis que le reste du corps et la tête faisaient avec elles un angle aigu, à tel point le lâche Romar se courbait avec humilité pour aborder le premier page. Ce début promettait une scène complète de bassesse et d'hypocrisie. Exupère en fut dérouté à l'avance, et pour l'abréger il se hâta de demander à cet homme ce qu'il lui voulait.

« Mourir à vos genoux, répliqua Romar d'une voix accentuée fortement, est tout ce que je désire à cette heure, à tel point je suis accablé de confusion et de remords. Hélas ! mon cher disciple, vous me jugez bien coupable ! je le suis sans doute, mais pas autant que vous le pensez, n'ayant cédé dans un acte infâme qu'aux sollicitations pressantes de quelqu'un qui vous en veut beaucoup ; je ne me connais plus qu'un moyen d'alléger ma coulpe, c'est de me mettre à votre disposition, et de vous aider à vous défendre des nouvelles entreprises qu'on tentera pour consommer votre perdition.

»—Je n'ai pas besoin, dit Exupère, ni de vos lumières, ni de votre concours. Il me déplait seulement de vous voir près de moi, et je désire ne vous rencontrer qu'en présence de la justice. »

A cette menace légitime, quoiqu'indirecte, l'abbé se jeta presqu'à plat-ventre sur le tapis, et fit la singerie de verser des larmes.

« Faites trêve à ces comédies inconvenantes, poursuivit Exupère, il ne peut y avoir désormais rien de commun entre nous.

» — Vous avez tort, mon enfant, de refuser les éclaircissemens que je vous propose ; vous avez à faire à une femme bien dangereuse. »

A ces derniers mots Exupère soupçonnant que l'abbé allait mentir de nouveau, ne fut pas fâché de le laisser se prendre lui-même au piège qu'il tendait, et se détermina à souffrir qu'il continuât de parler. Le silence lui tint lieu d'acquiescement, et Romar continua :

« Vous avez cru vous jouer d'une tendresse française en ne prenant aucune précaution contre la vengeance de la princesse de San Severino, et vous avez eu tort. La dame ne vous a pardonné ni votre infidélité, ni la persistance à vous y maintenir.

» — Et c'est pour lui complaire que vous m'avez calomnié ?

» — Moi.. non... je ne dis pas.....

» — Vous a-t-elle chargé de ses intérêts en m'attaquant avec des armes criminelles.

» — Je vous raconterais tout si vous me promettiez un secret à toute épreuve.

» — C'est ce que je ne ferai pas ; car je veux conserver le droit de me défendre si l'on m'attaque, comme aussi celui de m'expliquer avec mes ennemis.

» — Dans ce cas, dit l'abbé, dont la confusion fut visible, la sagesse me défend de poursuivre mes révélations.

» — A vous permis, j'y mets peu de prix ; Dieu veuille que je n'aie à me défendre que de la personne que vous me désignez ; mais est-ce là tout ce que vous aviez à me dire.

» — Il me reste à vous demander un pardon généreux, dit l'abbé en reprenant son ton lamentable, à vous conjurer d'oublier le passé ; et à me permettre de vivre avec vous ainsi que nous le faisions autrefois.

» — C'est un point qu'il m'est encore impossible à vous céder ; que Dieu me préserve d'avoir auprès de moi un homme toujours prêt à me vendre, sinon pour un prieuré du moins pour une abbaye.

» — Hélas ! s'écria Romar, on ne m'en a jamais offert ; et qui m'en proposerait une pour connaître votre train de vie ? Il n'y a guère plus maintenant des personnes qui poussent aussi loin la curiosité.

» — Ce qui prouve que si vous en trouviez une...

» — Ah! Exupère, dites-moi franchement ce que vous feriez si on vous présentait la certitude d'un duché-pairie?

» — On ne me conduirait pas à trahir mon ami, mon disciple et l'enfant de mes bienfaiteurs.

» — C'est que vous ne tenez pas à avoir un bénéfice, répliqua l'abbé avec conviction, et comme s'il répondait victorieusement à la foudroyante apostrophe d'Exupère. »

Celui-ci s'efforça de ne pas rire ainsi qu'il en avait l'envie à cet excès d'impudeur naïve; mais l'abbé, qui le regardait avec attention, s'aperçut du mouvement involontaire des muscles de son visage, et devina par là que le premier page n'était plus en grand courroux. Il se releva en partie de sa position inclinée, et s'approchant avec mesure du lit se hasarda de prendre la main d'Exupère qui la retira brusquement.

« Cher ami, lui dit-il, quoique décontenancé par son geste, il dépendrait de vous aujourd'hui de conquérir l'estime complète de la cour, de la France, du monde entier; vous pourriez égaler par votre magnanimité les personnages les plus célèbres des temps anciens et modernes, et même approcher en quelque sorte du pardon des injures non moins que notre divin

Sauveur, en sollicitant pour moi auprès du ministre de la feuille le pauvre prieuré de Fontaude.

» — Qui moi ! former pour vous une pareille demande !

» — Qu'on ne refuserait pas d'exaucer ; vous pourriez dire que vous tenez à ce genre de vengeance, que vous prétendez m'anéantir à force de bienfaits, et que vous avez la certitude que dès ma nomination je me rendrais digne de vous par un refus non moins héroïque ; ceci bien accommodé et en vous appuyant de la princesse San Severino, du marquis de Rochemare, du maréchal de Richelieu, et de la Reine, à qui vous me présenteriez, rendrait notre succès infaillible, et vous acquitterait dignement de toute la reconnaissance que vous me devez pour les soins que j'ai pris à faire germer dans votre cœur les bons principes. »

Cet excès d'impudence rendit d'abord Exupère immobile ; puis sonnant avec vivacité, il dit à Thomas qui accourut à l'appel :

« Mon garçon, prends M. l'abbé par les épaules, et s'il ne veut pas sortir volontairement, jette-le le long des escaliers. »

A cet arrêt, et plus encore au ton avec lequel il fut prononcé, Romar comprit qu'il avait été trop loin, et afin de ne pas tout perdre, il se décida à se retirer, non sans avoir manifesté son chagrin par ses doléances.

CHAPITRE XXXIII.

Un changement de ministre.

A la cour rien n'est solide ; l'homme puissant de la veille devient le solliciteur du lendemain.
Le Noble.

Exupère réfléchit à la démarche de l'abbé ; il la jugea dictée par un conseiller intelligent, et ne s'arrêta pas un instant au soupçon que ce misérable avait cherché à lui inspirer au sujet de la princesse napolitaine. Le premier page était au nombre de ces ames pures qui ne peuvent accuser qu'en présence du crime commis, et qui, jusqu'à la manifestation, voient des innocens dans tous les coupables. Oldanti lui paraissait trop noble, trop supérieure pour consentir à la ranger parmi ces viles créatures qui cherchent sourdement la vengeance, et ne se reposent qu'après l'avoir obtenue.

Peut-être se trompait-il en cette circonstance, peut-être la princesse, excitée par les trames savamment ourdies du duc de Fronsac, avait-elle pris plus de part aux embûches tendues à Exupère que celui-ci ne le présumait. Son amour-propre vivement offensé de la victoire remportée par Noéline sur le cœur de leur amant commun, ne l'avait pardonné ni à l'un ni à l'autre ; mais loin de laisser éclater un courroux violent qui aurait mis en défiance contre elle, son ame s'était attachée à surmonter sa fureur pour ne manifester que du mécontentement, et à demi-cachée elle dirigeait les attaques de l'abbé, pour le moins autant que le duc et pair pouvait le faire.

M. de Fronsac était donc en mesure de deverser sur elle une portion du blâme de sa conduite, et il entrait dans son plan de la lui attribuer uniquement. Ainsi c'était lui-même qui avait enjoint à l'abbé d'accuser la princesse, bien assuré que comme elle était coupable en partie, sa dénégation, si Exupère lui en parlait, ne porterait pas ce cachet de véracité auquel on ne se laisse jamais tromper. Malheureusement pour ce projet si bien conçu, le page ne put se décider à admettre un tel degré de perversité dans le cœur d'une femme charmante à laquelle il était loin de renoncer.

Mais en même-temps cette machination qui lui parut d'une perfidie à faire peur, augmenta son animosité contre le duc de Fronsac, qu'il reconnaissait l'instigateur unique des démarches de l'abbé. Comment devrait-il faire, se demandait-il, pour retarder longtemps cette explication qui devenait indispensable? trop de ménagemens ne finiraient-ils point par compromettre mon honneur? Car enfin, quoiqu'on fasse, il est impossible que le public ne finisse par découvrir la haine sourde qu'il a pour moi, et si je ne m'en aperçois avant lui, il il ne balancera certainement pas à m'accuser de faiblesse.

Exupère était dans ces dispositions lorsque Telnange vint le voir; ils ne s'étaient rencontrés nulle part depuis la soirée passée chez Sophie de Lagrange, aussi le chevalier, dès après avoir embrassé son ami :

« Sais-tu, Mauran, dit-il, que tu occupes sans partage les trompettes de Renommée, et que tu actives contre toi le courroux de cent femmes charmantes ? Je croyais passer des instans délicieux avec Hermine, eh bien ! que Dieu me damne si pendant tout le temps que nous avons été ensemble il n'a pas été question uniquement de toi, et à force de chercher à me prouver que tu lui étais désagréable, elle a fini par me convaincre qu'elle raffolait de toi. Enseigne-moi ton secret, car je suis las, moi qui croyais plaire par ma seule personne, de n'être que le reflet de mon ami. »

Exupère fit la réponse d'usage, et retrancha sa vanité secrète derrière sa modestie apparente; il se plaignit à Telnange des tracas qu'on lui suscitait, des bruits affreux naguère répandus sur son compte et de la peine qu'il y avait à écarter des créanciers et à conduire plusieurs intrigues de front.

« Ce sont en effet, répliqua le chevalier, des soucis bien étranges; on te calomnie, on te demande le paiement de tes dettes, et les dames prétendent que tu leur sois fidèles? le moyen de ne pas se désespérer? Cependant plus tu avanceras dans la carrière de la galanterie, et plus tu t'accoutumeras à ces malheurs. Mais, à propos, me feras-tu l'honneur de me dire depuis quelle époque date ta liaison avec cette céleste Montaubert, que toutes ces demoiselles abhorrent parce qu'elle est cent fois plus jolie? Je ne te savais pas de ces bonnes fortunes en réserve, et à part Noéline, la princesse et Hermine...

» — Homme de peu de réflexion! répondit Exupère, comment se fait-il que tu n'aie pas deviné que mademoiselle de Montaubert et Noéline n'étaient que la même personne?

» — Ah! par Jupiter! s'écria Telnauge, voilà une bonne folie! comment les deux ne font qu'une ? et tandis que tu filais le parfait amour avec la petite friponne dans sa demeure isolée, elle venait prendre des leçons du beau monde chez une danseuse qui, selon toute apparence, a eu l'honneur de tromper avec toi son illustre amant. Mais, Exupère, ta vie est un enchaînement d'aventures extraordinaires ; de situations piquantes ; je ne sais si je te jalouserai assez, mais quel rôle joue-tu dans cette circonstance ? étais-tu moqué ou confident ?

»—Hélas ! répliqua le premier page, on me jouait, on abusait de ma bonne foi; Sophie est venue en forme de guet-à-pens m'enlever mon innocente amie, l'a façonnée, l'a mise à la mode, et cela sans que je m'en sois douté.

» — Mais, mon cher, c'est admirable, c'est une rouerie enchanteresse; combien la petite Lagrange a eu plus d'esprit que la princesse, qu'Hermine, sans compter celles que je ne connais pas et ceux que je ne nomme point.

» — Que veux-tu dire par ces derniers mots? demanda Exupère avec moins de gaîté.

» — Rien, oh! rien; je parle souvent au hasard, et d'ailleurs tu as des ennemis, ne serait-ce que l'abbé solliciteur par nature.

» — Est-ce qu'on répand dans la société quelque chose à mon désavantage?

» — Où prends-tu ces idées? A part le prêtre qu'on soutient que tu as tué, je t'assure qu'il ne court aucun bruit sur ton compte.

» — Comment tué ? est-ce que cette fausseté abominable se perpétue ?

» — Hors moi, le duc de Fronsac et Flormeil, tout Paris est convaincu de cette particularité, qui au fond ne te nuit en aucune manière, et dont tu aurais grand tort de t'inquiéter. »

Exupère ne pouvait prendre aussi gaîment une imputation qui lui était odieuse, et la véhémence qu'il mit à traiter ce sujet lui fit oublier de contraindre Telnange à lui expliquer ce qu'il avait entendu par ces mots : *sans compter ceux que je ne nomme point.*

« Mais, dit le chevalier pour détourner Exupère de son courroux contre le public, est-ce que tu ne te décideras pas à faire paraître ta belle amie? tu devrais me présenter chez elle, ce serait un dédommagement de tous les passe-droits que tu m'as fait depuis que tu voles de tes propres ailes.

» — Je craindrais, répondit Exupère, tes assiduités.

» — Bon! serais-tu jaloux? Ce ridicule te tuerait sans retour; compte plus sur ton mérite, sur la loyauté de tes amis et sur la passion de ta maîtresse, de telle sorte que tu sois le dernier à t'apercevoir qu'ils te trompent avec elle; d'ailleurs, est-ce à gens de notre classe qu'il convient d'avoir de l'amour à la manière des bourgeois? »

Exupère se mit à rire et prit jour avec Telnange pour le conduire chez

Noéline, car quelque tendresse qu'elle lui inspirât, il était trop homme de bonne compagnie, le secret de son intrigue découvert, pour cacher plus longtemps sa belle amie et se charger du sot rôle d'un amant qui a peur qu'on la lui ravisse.

Ceci terminé, on parla de la nouvelle du jour, la disgrâce du prince de Montbarrey. On sait que la Reine lui ayant demandé une place de lieutenant-général pour un seigneur de la cour, et en même-temps mademoiselle Renard, maîtresse du prince, ayant reçu une très-forte somme pour appuyer auprès du ministre un autre concurrent, l'emporta sur Sa Majesté, car elle partageait avec le prince ce qu'elle exigeait des solliciteurs. La

Reine, qui déjà n'aimait pas M. de Montbarrey, et que la cabale Polignac poussait contre lui, entra dans une colère complète à la nouvelle de l'impertinence qui lui était faite. Le Roi l'écouta, et consentit à renvoyer son ministre, dont l'incapacité ne lui échappait pas, et à prendre à la place M. de Ségur, militaire habile, rempli de mérite, et qui remplit avec talent les fonctions qu'on lui confia.

Tout ceci eut lieu sans le concours du comte de Maurepas, sorte de tuteur administratif que le Roi s'était imposé dès le jour de son avénement au trône : vieillard futile, impuissant à bien faire, perdu dans des minuties auxquelles il attachait de l'importance, et plus occupé de compléter son grand recueil de chansons manuscrites que des intérêts du royaume et de l'Europe. M. de Maurepas avait cessé d'être dans les bonnes grâces de la Reine depuis que la famille Polignac s'était emparé des affections de celle-ci, et la preuve la plus pénible qu'il en eut, fut la nomination du marquis de Ségur au ministère de la guerre, tandis que lui portait à cette charge M. de Puységur, qui l'obtint plus tard.

Cette lutte mystérieuse entre les Polignac, d'une part, et M. de Maurepas, de l'autre, était connue par les habitués du château, très attentifs à savoir qui l'emporterait, quoique toutes les probabilités fussent pour la Reine. Telnange et Exupère firent eux aussi des conjectures, des rapprochemens plus ou moins ingénieux, traitèrent la matière à fond, ne se séparèrent que lorsqu'ils l'eurent épuisée.

Exupère sortit peu après que Telnange l'eut quitté. Il y avait long-temps qu'il ne s'était montré à l'hôtel d'Egmont; il y vint pour rendre ses devoirs à la comtesse-princesse, ainsi qu'on la désignait indistinctement. Il y trouva une dame entre deux âges, accompagnée d'une jeune fille presque jolie, et qui était immensément riche. Cette dame partit peu après avec sa petite compagne, et après sa retraite:

« Voilà, dit madame d'Egmont à Exupère, voilà votre femme future, car je veux faire ce mariage, qui vous mettra à la tête d'une fortune énorme.

» — Eh bon dieu ! Madame, répondit Exupère, cette dame est bien respectable, et je crois qu'en s'y prêtant un peu elle serait plutôt ma mère que ma femme.

» — Que vous êtes étourdi, répondit la princesse, c'est de la petite fille qu'il s'agit.

» — Ah ! dans ce cas, je puis l'attendre, car elle a besoin de grandir.

» — Et vous de changer de vie ; la vôtre est furieusement dissipée, et avant de vous engager dans les liens du mariage, il conviendra que vous reveniez à la raison. Cette dame est une Américaine qui compte par millions ; elle a été ma compagne de couvent, ne voit que par moi et donnera aveuglément sa fille unique au gendre que je lui désignerai. Tâchez donc à l'avance de lui plaire, afin qu'elle ne puisse à l'heure où il sera temps de lui parler, faire contre vous aucune objection personnelle. Mon père tient à ce que vous vous établissiez brillamment, et en fille soumise, j'aiderai toujours à ce que voudra mon père. »

Exupère, dans cette circonstance encore, se demanda d'où provenait l'intérêt positif que le maréchal de Richelieu lui portait; il ne pouvait naître que d'une cause inconnue, car rien ne l'expliquait naturellement. Ce seigneur ne passait pas pour aimer ses amis avec une telle chaleur qu'il s'occupât tant de leurs fils. Exupère, tout bien examiné, finit par attribuer cette prédilection à son heureuse étoile, se promettant d'en profiter pour son avancement d'une part, et son agrément personnel de l'autre.

Madame d'Egmont partit de là pour raconter des anecdotes de couvent, dans lesquelles madame Marsul, l'Américaine, figurait en première ligne; elle s'y complaisait lorsque l'on annonça M. de Chatellux. Celui-ci venait de Versailles; il apportait une grande nouvelle, que le comte de Maurepas, piqué au vif de la nomination du marquis de Ségur, donnait sa démission de mentor royal, et se retirait très fâché contre la Reine.

« Mais, dit madame d'Egmont, c'est-là un fait très important, et d'autres soleils vont briller dans la cour. Nous passerons du despotisme de la décrépitude à la tyrannie de la jeunesse.

» — Et nous aurons niaiserie pour niaiserie à la tête du gouvernement, ajouta M. de Chatellux. »

On partit de là pour combiner un nouveau ministère, que l'on composait des seuls intimes Polignac. Ces beaux raisonnemens furent faits en pure perte. Le comte de Maurepas bouda, et ne se retira point. La mort seule put, l'année d'après, l'enlever à une place dans laquelle il se trouvait si bien.

Madame d'Egmont aimait ce vieux ministre, et en qualité de femme de la cour, détestait la jeune favorite, quoiqu'elle eût grand soin de la cajoler. La nouvelle que madame de Polignac allait atteindre à l'apogée de sa puissance la mit de mauvaise humeur, en même-temps qu'Exupère s'en félicitait à cause des liens de parenté qui l'unissaient à cette famille.

Il quitta l'hôtel d'Egmont, et partout où il fut on ne l'entretint que de la bouderie du premier ministre; et ceux qui connaissaient la généalogie d'Exupère se hâtaient de se rapprocher de lui. Il vint dans la soirée chez la princesse d'Harcourt, où beaucoup de courtisans étaient réunis. Là comme ailleurs on lui prodigua des prévenances propres à le flatter : le duc de Fronsac se trouvait dans cette maison, et les succès d'Exupère le fâchèrent profondément; il ne pouvait supporter le bonheur de ce jeune homme; et ayant entendu M. de Duras dire, en parlant du premier page, qu'il était destiné à fournir une carrière brillante, il répondit :

« A moins, Monsieur, que dès le début il ne rencontre tel obstacle qui lui fasse donner du nez contre terre, de façon à ne s'en plus relever.

» — Eh! duc, quel peut-être cet obstacle?

» — Que sais-je, moi, reprit M. de Fronsac, une grosse sottise qui le perde ou un bon coup d'épée qui l'envoie occuper auprès de ses ancêtres, et un peu plus tôt, la place à laquelle nous arriverons tous. »

Et en s'exprimant ainsi un signe de haine étincela dans ses yeux.

CHAPITRE XXXIV.

Scène de reconnaissance.

> On ne peut toujours se défendre des embûches qu'on nous dresse.
> RÉTIF DE LA BRETONNE.
> Un frère est un ami donné par la nature.
> LEGOUVÉ, *Mort d'Abel.*

L'amitié qui liait Noéline et Sophie prenait chaque jour un nouvel accroissement: la danseuse, par un héroïsme de position, avait tâché de renoncer à Exupère, ou tout au moins à si bien cacher leurs rapports, que la jeune fille pouvait croire à la sincérité du sacri-

Le duc de Fronsac, galant auprès de Noéline quand elle venait chez Sophie, observait à son égard les règles de la plus stricte bienséance, et néanmoins ne cessait de faire peur à celle qu'il avait persécutée et retenue si longtemps en charte privée.

« Ne le craignez plus, ma toute chère, disait Sophie, il a trop d'habileté pour vous tourmenter désormais ; il ne tentera point contre la personne connue dans le monde ce qu'il aurait entrepris envers une pauvre créature cachée dans l'obscurité du Marais. Le duc connaît son importance, il sait que pour la lui enlever il faudrait peu de chose ; ne vous méfiez de lui que du côté de la séduction, car celle-là est permise à quiconque vous trouvera ce que vous êtes, aimable et jolie. »

fice qu'on lui avait promis. N'ayant donc plus aucun nuage sur le cœur contre son institutrice, et aucun besoin désormais de cacher sa liaison avec elle, ne sortait presque plus de cette maison, ou recevait sans cesse mademoiselle de Lagrange dans la sienne.

Celle-ci déjà n'était plus entièrement fermée, il s'y introduisait de temps à autre quelque profane: Telnange fut le premier, le marquis de Crénant le second, et le financier Bertin le troisième; Exupère ne s'en tourmentait pas, il se revêtait de la confiance que l'on a au sujet de choses acquises, il possédait en pleine sécurité, à la manière des maris, et s'en trouvait bien, car la jalousie, à part son ridicule, est bien encore accompagnée d'inquiétudes et de tourmens.

Noéline ainsi rassurée, et prenant d'ailleurs de plus en plus cet aplomb que procure la fréquentation de la société du grand monde, cessa de redouter le duc, ne pâlit plus à son approche, et si elle persista dans la haine qu'elle lui portait, du moins n'en fit plus rien paraître.

Lui, pour arriver à ce résultat, avait employé toutes les ressources de son esprit adroit; il s'était montré presque repentant, avait engagé des demi explications, exprimé des regrets, et déploré avec une forte amertume la violence à laquelle l'avait conduit celle de sa passion; ce crime enfin, dont il ne pouvait prévoir toutes les conséquences, était du nombre de ceux que les femmes sont portées à excuser; elles ne le font pas lorsqu'elles manquent d'expérience, et à mesure qu'elles en prennent, deviennent plus indulgentes pour une faute dont leur mérite a tout l'honneur.

Les choses étaient sur ce pied lorsque le duc de Fronsac qui, depuis quelque temps, sans éviter Exupère ne lui parlait néanmoins guères plus, l'ayant rencontré au foyer de l'Opéra, vint à lui la figure riante et comme s'il n'avait aucun tort à se reprocher envers celui qu'il abordait.

« Savez-vous, monsieur de Mauran, dit-il d'un ton de gaîté soutenue, que vous manquez étrangement à la reconnaissance que vous me devez?

» — Moi, Monsieur, de la reconnaissance à vous ? répartit Exupère avec une expression de surprise peu bienveillante.

» — Oui, vous à moi, cela vous étonne? manqueriez-vous de mémoire? n'ai-je pas été votre introducteur dans cent maisons plus agréables les unes que les autres, par exemple chez mademoiselle de Lagrange, où certainement vous ne vous déplaisez pas? Je me suis confié en votre loyauté et exposé au rapprochement de votre mérite ainsi qu'à la comparaison, toute à mon désavantage, qui pourrait en être faite avec le mien; pourquoi n'agissez-vous pas de même à mon égard, et pourquoi ne me proposez-vous point de me conduire chez mademoiselle de Montaubert? me redouteriez-vous encore, ou auriez-vous une mémoire désobligeante?.... Cela ne serait pas bien.

» — Ma foi, monsieur le Duc, répliqua Exupère, cette maison est la dernière où je vous aurais amené, dans la pensée que je conservais que votre position y serait pénible non moins que celle de....

» — Ah! vous êtes encore imbu de préjugés gothiques, dit le duc en l'interrompant; je gage que vous m'en voulez toujours parce que je n'ai pas respecté votre maîtresse avant que vous eussiez fait sa connaissance? Il me semble que si un de nous deux avait des reproches à faire à l'autre, j'aurais le droit à prendre l'initiative; mais, croyez-moi, oubliez le passé, témoignez-moi plus de confiance, paraissez sous l'aspect qui convient à un homme de votre rang, à un amateur du beau sexe qui ne veut devoir son triomphe qu'à lui-même, et non aux précautions dignes tout au plus des Espagnols du règne d'Isabelle et de Ferdinand le-Catholique.

» — Mais la mort de la mère de Noéline ?

» — M'a touché du plus profond de mon cœur, je vous assure ; et faut-il tout vous dire ? c'est à la connaissance que j'ai eu de ce funeste événement, que, de ma part, mademoiselle de Montaubert doit la tranquillité dont elle a joui depuis.

» — Je croyais que ma protection y entrait pour quelque chose.

» —Oh ! pour beaucoup aussi, je vous

assure ; un premier page, c'est respectable ! »

Le duc dit ces mots avec une telle hilarité, que l'orgueil d'Exupère tout en étant un peu plus blessé encore, craignit de montrer une vanité inconvenante en se fâchant du persiflage que lui avait attiré sa réponse presque fanfaronne. Il se tut ; le duc continua :

« Allons, Monsieur, un bon mouvement ; n'avez-vous pas remporté assez d'avantages pour que vous ne puissiez vous refuser à faire preuve de modération dans vos triomphes? Persister dans votre refus serait en vérité me donner trop d'amour-propre et me dire que vous me craindriez auprès d'une femme. Ah ! cela n'est point, et il y a des preuves sans réplique que lorsque nous luttons ensemble la victoire n'est pas de mon côté. »

Exupère, vaincu à son tour par ces phrases légères, et ayant plus que tout autre la frayeur de paraître jaloux, comprenant d'ailleurs qu'il fallait céder ou rompre, se décida à faire ce dernier sacrifice au maintien de la paix entre le duc de Fronsac et lui, que le maréchal de Richelieu lui avait tant recommandée. Il acquiesça donc à la fantaisie de son rival, prit jour pour l'amener chez Noéline, et auparavant prévint celle-ci.

Elle était déjà préparée à la nécessité de recevoir le duc de Fronsac, et un peu oublieuse, attendu que force choses nouvelles occupaient sa jolie tête, ne se trouva plus assez de force pour repousser des soins qui, six mois auparavant, lui auraient été en horreur. Le duc vint donc chez elle, s'y montra en homme consommé dans l'art de sa conduite, ne fit aucune allusion au passé et parut tout entier au présent. On aurait dit que c'était la première fois qu'on le mettait en rapport avec Noéline.

Celle-ci, le lendemain de ce jour mémorable, accourut chez Sophie pour lui raconter le détail de cette présentation ; elle avait retenu les moindres gestes, les paroles les plus fugitives de son ex-persécuteur, et on les commenta en les retournant sur tous les points de vue. Noéline, par la manière dont elle était assise, avait les yeux fixés sur une grande glace qui répétait les objets dont l'image se dessinait sur un miroir placé dans le salon voisin. Tout-à-coup elle saisit le bras de Sophie, et la regardant avec terreur :

« Oh ! ma chère, lui dit-elle, vois ma ressemblance vêtue de noir nous apparaître dans cette glace ! »

Sophie y porta un regard rapide et reconnut en effet les traits de Noéline, mais décomposés et tels qu'ils seraient si la vie avait quitté un corps pétri de charmes et de grâces. Elle aussi éprouva un instant de terreur à cet aspect extraordinaire ; mais une pensée vint à son secours rapidement, et elle se hâta de dire à son amie :

« Ce n'est point un fantôme, c'est

une réalité. Tu vas connaître une créature bien à plaindre et à laquelle je ne te crois pas étrangère. Place-toi de sorte à ce que le jour ne frappe qu'imparfaitement sur ton visage. »

A peine eût-elle achevé ces mots, que l'inconnue qui a déjà figuré dans plusieurs chapitres de cette histoire, et qui s'était nommée du nom d'Adelaïde, entra lentement dans la chambre à coucher de Sophie, qui se leva aussitôt pour la recevoir, en lui témoignant sa joie de la visite qu'elle voulait bien lui faire. L'inconnue l'écouta avec sa mélancolie accoutumée, puis répondant à son tour et sans paraître s'apercevoir qu'il y avait un tiers avec elle :

« Ne m'ayez aucune obligation si

je me présente devant vous; j'ai des remercîmens à vous faire, car vous avez été bonne pour moi; je n'y suis guère accoutumée, et il m'est agréable de vous le prouver.

» — Votre visite a été bien retardée, répondit Sophie.

» — Ne vous l'avais-je pas annoncé? Je suis rarement la même route; cheminant au hasard selon que mes idées me commandent, errant çà et là, fuyant certaines rues, redoutant la vue de telle maison. Une fois pourtant, il en est une dans laquelle je pénétrai au moment où l'on y était en fête; ma présence troubla la joie qu'on y goûtait, j'entendis un cri.... Oh! ce cri comme il me fut doux! c'était la manifestation du remords et de l'épouvante; il m'enivra, car je me crus vengée, et je m'éclipsai rapidement en passant par je ne sais quelle porte…. Dites-moi, Mademoiselle, n'est-il pas vrai qu'il est heureux de faire peur à qui nous a fait tant de mal ? »

Sophie tressaillit aux accens déchirans de la voix de l'inconnue, et les paroles qu'elle prononça troublèrent vivement le cœur de Noéline. Celle-ci, depuis l'arrivée de cette créature extraordinaire, la contemplait avec une curiosité moins avide, que partant du cœur, elle éprouvait à la vue de cette ressemblance avec ses propres traits une émotion croissante qui se manifestait sans qu'elle cherchât à la déguiser; une voix intérieure lui disait qu'elle n'était pas étrangère à cette infortunée, car comment expliquer d'une autre manière la conformité singulière de leurs traits ? Elle écoutait donc avec avidité ses paroles, examinait ses moindres gestes, y cherchant des souvenirs ou des points de rapports, mais en même-temps, dominée par une sorte de frayeur mystérieuse, craignait de se montrer, et se reculait dans l'ombre afin que l'objet de son attention ne la regardât pas trop aussi.

Il y eut un instant de silence. Sophie ensuite répondit par des généralités aux questions incohérentes d'Adelaïde, qui répartit avec impatience :

« On voit bien que vous n'avez jamais été malheureuse, car vous ne me comprenez pas ; vous ignorez ce qui se passe de bisarre, de douloureux et d'inexplicable dans une ame qui a bu jusqu'à la dernière goutte dans la coupe de l'adversité... Non, ceux que le bonheur n'a point délaissés, n'entendent ni nos plaintes ni nos jouissances affreuses... A propos, poursuivit-elle, qu'est devenue cette jeune personne dont vous me parlâtes l'autre jour, et qui a non-seulement avec moi des conformités de chagrins, mais encore de ressemblance ? Elle m'inspire doublement de l'intérêt, et je voudrais bien la rencontrer quelque part.

» — Vous n'irez pas loin pour satisfaire ce désir, qui est aussi le mien, répartit Sophie ; Mademoiselle que voilà est précisément celle que vous demandez. »

A ces mots l'inconnue se leva, prit

Noéline par la main avec brusquerie, et sans aucun compliment, sans aucune préparation de politesse, la conduisit vers un miroir voisin; mais à peine l'eut-elle examinée, que poussant un cri horrible :

« Qui êtes-vous ? lui dit-elle, qui êtes vous ? Non, il est impossible que vous ne soyez pas de mon propre sang ! vous êtes trop âgée pour être.... Mais, au nom de Dieu ! que je vous connaisse ! et faites après que je vous ai vue, que je ne reste pas seule de mon nom au milieu de ces parens éloignés, objets de mon dégoût, car je suis le but de toutes leurs espérances.

» — Mon histoire est simple, répondit Noéline profondément agitée, et devenant pâle à un tel excès qu'il n'exista plus pendant un instant de différence entre sa figure et celle de l'inconnue ; mon père était capitaine au régiment de Vivarais, et ma mère Alsacienne.

» — Mais leurs noms, leurs noms ? voilà ce qu'il faut m'apprendre ; fut-il demandé avec impatience par la demi-folle.

» — Ma mère s'appelait Georgal, et son prénom était Eugénie ; mon père se nommait Adolphe de Lespart.

» — Oh ! je devais m'y attendre, s'écria l'inconnue, son nom était écrit sur votre front ; je le savais à l'avance, ce nom, car moi aussi je le porte.

» — Vous, Madame ? dit Noéline avec une agitation impossible à rendre, aurai-je donc le bonheur de vous appartenir ?

» — Nous avons, reprit tranquillement Adélaïde, nous avons au moins le même père ; car je suis fille d'Adolphe de Lespart.

» — Ah ! vous êtes ma sœur, répliqua Noéline en ouvrant les bras et en se précipitant vers celle qui cessait d'être inconnue ; mais celle-ci reprenant tout-à-coup l'émotion qu'elle avait d'abord manifestée, la repoussa avec douceur.

—» Ne m'approchez pas, lui dit-elle, ne me contraignez point à me livrer à la joie que devrait m'inspirer notre réunion ; il y a dans mon cœur trop de sujets de larmes pour que je veuille m'en distraire ; d'ailleurs serai-je plus heureuse parce que la Providence me donne une sœur ? Non, sans doute ; elle ne fera, tout me l'assure, qu'ajou ter à la masse de douleurs qui me consument; et comme si ce n'est pas assez des pleurs que je verse sur ma propre infortune, il me faudra en trouver encore pour la sienne; car ne sera-t-elle pas frappée aussi de ma fatalité ?

» — Je verse également des larmes sur notre rencontre, répondit Noéline; mais elles ne sont pas sans douceur. Je cesse d'être isolée; je trouve une amie naturelle, et j'aurai tant de plaisir à la consoler par mes soins !

» — Pauvre enfant ! répartit mademoiselle de Lespart, plus tu me parles et plus tu me fais regretter de t'avoir connue; je suis bien assurée que tu ne feras qu'ajouter à mes tourmens.

» — Pourquoi vous livrer à ces terreurs sinistres? dit alors Sophie, que le saisissement avait empêché de parler jusque-là, et qui s'applaudissait des avantages que cette journée procurerait à Noéline; votre sœur possède des qualités dont vous apprécierez bientôt le prix; elle est jeune, elle peut fournir une carrière agréable, et certainement vous rendra la vôtre moins pénible à supporter.

» — Vous ne savez ce que vous dites, répartit Adelaïde avec impatience, lorsque vous osez me présenter dans l'avenir des instans moins rigoureux; ma vie est comptée, je marche rapidement vers ma fin, et peut-être sera-t-elle encore plus attristée par ce qui arrivera à cette jeune enfant, qui d'ailleurs mè rappellera...... Mon Dieu! donnez-moi la force de tout oublier, afin de finir avec moins d'angoisses... Mais vous, que je nomme ma sœur, l'êtes-vous réellement? Votre mère?....

» — Était la femme légitime de notre père commun, dit Noéline; la preuve existe dans son contrat, dans l'acte de célébration de mariage et dans l'extrait du registre de mon baptême. Je sais que l'on avait avancé la calomnie qu'elle n'était liée que par l'amour au capitaine de Lespart, et je pourrai vous convaincre de la fausseté de cette allégation.

» — A la bonne heure, répondit Adelaïde; non que j'attache à tout cela aucune importance dans mes idées, mais parce que je désire que ma famille ne puisse vous contester vos droits. »

Sophie prenant la parole, présida à une explication réciproque et toute composée de détails d'intérieur de famille; elle sut alors que la fortune que mademoiselle de Lespart tenait de sa mère, dont elle portait le nom, qui était Saint-Élix, était très considérable, et que les parens chargés de l'administrer n'y avaient que des droits fort éloignés. Adelaïde soutint cette conversation avec une lucidité d'idées remarquable. Il n'en fut pas de même lorsqu'elle rentra dans les affections de son cœur; ce fut un mélange de paroles incohérentes, de phrases interrompues, de sens suspendus, au milieu desquels on ne pouvait rien démêler. Tout ce qu'on en concluait, c'était que, trompée par un homme de haute naissance qui n'avait point voulu l'épouser, elle était tombée, à la suite de la perte de son honneur et de la mort d'un enfant chéri, dans une sorte d'aliénation mentale qui prenait souvent le caractère de la folie.

CHAPITRE XXXV.

Le criminel en présence de sa victime.

Summum crede nefas animum præferre pudori.
JUVÉNAL, satire 8.
Regardez comme un grand crime de préférer l'existence à l'honneur.

Adelaïde, après avoir demeuré un long espace de temps à délirer sur le fait de ses aventures particulières, prit sa sœur entre ses bras, et la tournant vers le jour, se mit à examiner avec soin sa charmante figure. Elle apporta à cette occupation une importance véritable, et puis, bien persuadée que ces traits étaient pareils aux siens, surtout avant que la douleur et la maladie les eussent altérés, elle dit :

« A ton âge, ma chère enfant, je pouvais être aussi belle. Que reste-t-il maintenant de ce visage dont on ventait la fraîcheur et la régularité? rien qui puisse plaire. Hélas ! j'ai peur que tu ne fasse comme moi, et que ta beauté ne disparaisse aussi vite. Est-il vrai que déjà tu sois malheureuse, et que tu aie rencontré un séducteur sans vertu ? »

Sophie, voyant l'embarras de Noéline à cette question, se hâta de venir à son secours en répondant pour elle.

« Mon amie, dit-elle, ne prend pas avec trop de vivacité les entorses que donnent à la foi promise un jeune seigneur des plus agréables de la cour, et qui au fond l'aime sincèrement, pourvu que de cet amour la fidélité soit défalquée ; elle a bien eu dans le commencement où lui est venue l'assurance qu'il ne tenait pas tout son serment, des bouffées d'inquiétude dans son cœur et des larmes dans ses beaux yeux ; mais plus philosophe que faible, elle tâche de se vaincre et ne veut s'affliger que de vos ennuis.

» — Elle n'aime donc pas ?

» — Oh ! ma sœur, pourquoi ce doute ? dit Noéline en rougissant.

» — Mais elle n'aime qu'avec sagesse, et sa passion, ajouta Sophie, est toute raisonnable.

» — Je ne la comprends pas alors,

dit Adelaïde en paraissant s'efforcer à admettre des idées qui ne tombaient point sous ses sens, l'amour m'a toujours paru si ardent, si exclusif!

» — Aussi vous a-t-il rendu bien à plaindre, Madame, et souhaitez que votre sœur ne vous imite pas. »

Une femme simplement curieuse aurait demandé d'autres explications, voulu connaître le nom de l'amant de Noéline : ce ne fut pas ainsi qu'Adelaïde procéda. N'ayant pas l'entier usage de sa raison, elle ne pouvait s'attacher à rien avec fixité, et passait d'un objet à un autre sans intermédiaire et sans s'en apercevoir; elle négligea même de s'informer de la demeure de sa sœur. Sophie fut obligée de lui en faire naître la pensée, et plus encore, de s'engager à l'y conduire le lendemain.

« Je veux vous voir pendant quelque temps, dit Adelaïde à Noéline, avant que mes parens soupçonnent mon existence, afin de me préparer à combattre leur avidité. Ils en seront pourtant la dupe de cette avidité funeste ; car, afin de mieux spolier mon héritage et mes revenus, ils se sont opposé tant qu'ils ont pu à mon interdiction naturelle plus que d'autres parens, éloignés demandaient. Aussi m'ont-ils conservé le droit incontestable de concéder à ma sœur, par un acte légal, ces biens, leur envie permanente, et auxquels j'attache si peu de prix. Puisse-tu en jouir, Noéline, et surtout ne pas être réduite à les dédaigner à cause des déchiremens affreux de ton cœur!»

A ces derniers mots elle se leva, fit quelques pas dans la chambre, revint à Sophie :

« Madame, lui dit-elle, je ne sais qui vous êtes, et pourtant votre nom désormais me sera cher ! Vous m'avez procuré la possession du seul trésor auquel je pus être sensible, une sœur qui, je l'espère, m'aimera autant que je me sens disposée à l'aimer. Aussi je vous promets dorénavant, lorsque je reviendrai vous voir, de renoncer à l'arme qui vous a tant effrayée, et qui ne m'abandonne jamais..... Ma sœur, poursuivit-elle, tout entière alors à son égarement, il est toujours bon d'avoir à sa portée un fer qu puisse nous défendre ou nous venger si on se sent la force de frapper au cœur notre ennemi.

Elle dit, poussa un éclat de rire qui fit frémir celles qui l'entendirent, et s'enfuit de l'appartement de Sophie avec autant de vitesse qu'elle avait mis de lenteur à y venir. Son départ précipité, suite de sa manie, ajouta à l'extraordinaire de la scène qui avait eu lieu. Sophie félicita Noéline de cette reconnaissance inattendue et de la perspective qu'elle faisait luire devant elle.

« Vous aurez, dit-elle, grâce à votre sœur, les avantages qui suivent la fortune et qui vous placeront dans une position agréable; on ne s'informera plus d'où vous sortez, et votre vie s'embellira de jour en jour.

» — Exupère m'aimera-t-il plus parce que je serai riche?

» — Noéline, répondit Sophie avec prudence, ceci est un point qu'il ne convient pas de traiter; je crois même qu'il sera convenable désormais que vous cessiez de paraître ici lorsque j'y aurai du monde : il sera préférable que nous nous rencontrions chez vous.

» — Eh! pourquoi me priverai-je de votre société?

» — Ne le comprenez-vous pas? Pauvre, vous étiez maîtresse de vos actions; riche, il conviendra que vous vous éleviez à la hauteur du nom que vous aurez le droit de porter. Le beau monde qui afflue dans ma maison s'y amuse et m'estime peu. Tâchez de regagner ses respects afin de rendre votre existence plus vénérable. J'ai plus de raison que ne le comporte mon genre de vie, et ne veux enfin vous donner que de bons conseils.

» — Je pourrai donc épouser Exupère ?

» — A quoi songez-vous ! est-ce que maintenant on se marie, et surtout à votre âge et au sien ? Ne vous en inquiétez guère ; il vous est cher, il vous aime ; ne voyez que cela et espérez du temps ce qu'il peut seul vous présenter de propre à faire le complément de votre bonheur. »

Sophie voyait trop bien les choses pour croire à la possibilité d'un hymen entre Noéline et Exupère, à moins qu'il ne fût amené par ces chances extraordinaires qui arrivent quelquefois, mais que notre volonté ne détermine pas; elle prévoyait de grands changemens dans la situation respective des deux amans, avant qu'une année fût révolue. A peine si la fortune, qui devait être désormais la propriété de la jeune fille, pourrait aider à serrer des nœuds que trop d'incompatibilités rendaient improbables.

Noéline ayant moins d'expérience se créait déjà des chimères flatteuses, des châteaux en Espagne, dont la construction s'élevait au gré de sa fantaisie; elle ne voyait rien des obstacles qui s'éleveraient entre le page et lui, et parce qu'elle était encore sincère et constante, se figurait que les parens d'Exupère n'auraient aucune objection à former contre leur union.

Ce fut, le cœur rempli de joie d'une part, en songeant à sa nouvelle destinée, et de chagrin de l'autre, quand elle se rappelait l'état fâcheux de sa malheureuse sœur, que revenant chez elle, Noéline attendit avec impatience qu'Exupère parut; il n'était pas venu la veille et avait promis ce jour-là de dîner avec elle. Ce tête-à-tête lui présentait toujours un charme auquel Noéline ne s'accoutumait pas.

Dès qu'Exupère arriva, Noéline s'asseyant sur ses genoux, lui conta, dans l'enivrement de son ame, la rencontre faite chez Sophie de cette sœur inconnue, dont même elle ne soupçonnait pas l'existence, et en lui répétant tout ce qu'elle en avait appris, il y en eut assez pour faire soupçonner au page qui était l'homme sans loyauté dont cette infortunée avait à se plaindre, et ceci lui fournit un nouveau motif de haine à l'égard du duc de Fronsac.

Mais en même temps, et pour ne point affecter douloureusement Noéline, il remit à lui nommer plus tard celui qui à deux époques différentes de sa vie répréhensible, avait trouvé le moyen de plonger les deux sœurs dans un abime de calamité. Il s'expliqua alors combien la présence de mademoiselle de Lespart devait être pénible pour le fils coupable du maréchal duc de Richelieu.

Noéline, depuis la rencontre de sa sœur, ne voyait dans son avenir qu'une suite de prospérités, et dès ce moment elle acheva de chasser de dessus son jeune front le reste des inquiétudes qui pouvaient y régner encore. Satisfaite du présent, et remplie d'ignorance touchant la perversité de ce monde, elle ne formait aucun doute sur le sort qui l'attendait. Il lui paraissait étrange que Sophie et Exupère se fussent réunis pour l'engager à ne pas communiquer à toutes les personnes de la société la rencontre heureuse qu'elle avait faite de mademoiselle de Lespart, qui, ainsi que je l'ai dit ailleurs, ne portait pas ce nom, mais celui de sa mère, sous lequel elle était connue.

Adélaïde, accompagnée de Sophie, ne manqua pas à venir le lendemain chez sa sœur, et lui apporta de riches bijoux qui formaient son écrin particulier. Noéline reçut ce présent avec une joie enfantine qui amusa Adélaïde, surprise d'être intéressée par autre chose que par sa douleur; mais cependant rien n'était capable, ni les caresses affectueuses de sa sœur, ni le baume du temps, de guérir entièrement sa blessure. A chaque minute elle perdait la lucidité de la raison, se jetait dans des divagations d'une incohérence extrême, et en présence du public comme en particulier, se livrait à de véritables accès de folie.

Depuis que Noéline avait rencontré Exupère chez mademoiselle de Lagrange, j'ai dit que sa réclusion sentimentale avait pris fin. Son amant lui avait présenté successivement le chevalier de Telnange et le duc de Fronsac; Sophie lui avait amené le marquis de Crénant, les financiers de Boullongne et Bertin. Une sorte de cercle se formait autour d'elle, mais seulement aux approches du soir, et point dans le cours de la journée, qu'elle prétendait consacrer uniquement à ses travaux intérieurs, ses maîtres de musique, de danse, de dessin et au beau page, toujours en premier dans ses affections.

C'était à ces heures privées que mademoiselle de Lespart s'accoutuma à visiter sa sœur; elle musait avec elle, ou bien passant dans le jardin, s'occupait à soigner la volière, le colombier et les fleurs : ces soins faciles lui étaient agréables ; elle s'y oubliait, et souvent Noéline la croyait partie qu'elle était encore à rêver dans quelque coin du jardin.

Malgré la défense expresse à Paulette et à Thomas Muller, qu'Exupère avait mis à demeure chez Noéline en attendant qu'on pût trouver un domestique honnête homme, d'un âge mûr, il se glissait de temps à autre quelques importuns qui, abusant de leur rang ou du privilége de leur âge, forçaient la consigne afin de faire plus commodément leur cour. Noéline, lorsqu'elle était seule, ne regardait cette indiscrétion que comme un demi-mal, mais se montrait véritablement fâchée lorsqu'on la dérangeait dans son intimité avec son ami.

Deux heures venaient de sonner aux Filles du Calvaire lorsque la voiture du duc de Fronsac entra dans la cour. Noéline, avertie par le bruit de l'équipage, et n'étant pas encore habillée, s'échappa du salon et rentra précipitamment dans la chambre, tandis que le duc arrivait presqu'en dépit de Thomas qui, par un instinct secret, n'aimait pas le seigneur. A peine s'il put le suivre pour lui ouvrir la porte du salon, et lui dire que mademoiselle de Montaubert, car jusqu'à ce moment Noéline conservait son nom d'emprunt, achevait de se vêtir, et ne pouvait le recevoir encore.

Le duc ne répondit pas, s'approcha de la cheminée, tira un fauteuil à lui, car le valet s'était retiré ; et trouvant sur une table à ouvrage un volume du théâtre de Corneille, essaya de lire pour l'aider à passer le temps. Quelques minutes peut-être s'étaient écoulées lorsque le bruit d'une marche qui avait lieu derrière lui l'arracha à son occupation. Certain que Noéline le surprenait, il se leva avec précipitation, se tourna plus brusquement encore :

»— M'en voudrez-vous, ange adorable, dit-il, si je viens en téméraire...»

Le duc de Fronsac ne poursuivit pas plus loin la phrase. Un cri terrible lui échappa, et ce cri fut répété avec plus d'horreur par Adelaïde, qui revenait du jardin, sans se douter de la rencontre que le destin lui préparait dans le salon de sa sœur. Le premier mouvement de cette créature malheureuse fut d'effroi, le second de colère, et en même temps sa main égarée chercha une arme fatale qu'elle ne quittait jamais, et plus tranquille lorsqu'elle l'eut saisie sous sa robe :

« Te voilà, lui dit-elle avec un accent affreux de désespoir, est-ce moi que tu cherches ? ne dois-tu pas redouter de me voir face à face ? parles, que je connaisse jusqu'où tu pousses ta scélératesse et la perversité !...

»—Est-ce donc vous, Adelaïde ! répliqua le duc en s'efforçant de dissimuler son dégoût, afin d'appaiser une femme dont il connaissait la folie furieuse chaque fois qu'ils se retrouvaient; que je plains vôtre infortune et que mes remords vous vengent dans mon cœur !

» — Oh ! que je serais heureuse de te croire, répondit-elle ; je me sentirais capable de renaître au bonheur si je pouvais être certaine que ta conscience tourmente ton ame ; mais non, cela n'est pas, tu es aujourd'hui ce que tu étais dans ta jeunesse, impassible au repentir et sensible seulement pour le vice; mais ne te flattes pas que l'avenir continue à t'être favorable; je me lasse de souffrir seule, je prétends enfin que tu souffres avec moi.... Qu'as-tu fait de cet enfant?.... Ah ! qu'ai-je besoin de le demander ; il a quitté la terre pour aller nous accuser tous les deux dans le ciel. Je ne sais si mes larmes, si mes expiations intéresseront les anges ; je suis assurée que tu ne désarmeras pas les démons.

» — Je suis coupable sans doute envers vous, répliqua le duc, mais pas autant que vous le dites ; j'ai offert tous les dédommagemens....

» — Oui, un mariage honteux, une autre sorte de prostitution légale : oses-tu me le rappeler.... mais laissons le passé. En attendant que je règle son compte avec toi, songeons à l'heure présente. Que viens-tu faire ici?

» — Mais je venais rendre mes hommages à une jeune dame....

» — A ma sœur ! tu lui connaissais ce titre et tu tâches cependant de la pervertir.... Qui sait..., oh! non, cela ne saurait être; la providence ne peut permettre que l'infamie aille jusques-là.... Cependant de quoi n'est-tu pas capable?... si cela est, certainement je ne sortirai pas vivante de cette salle, ni toi non plus..... Est-ce toi qui l'a aussi trompée ?

» — Moi! non, répliqua le duc; je n'ai pas l'honneur d'être son amant, je ne suis que sa seule connaissance.

» — Tu ments.

» — Je ments! s'écria le duc, ah! que cette injure soufferte vous venge des maux dont vous vous plaignez; que je voudrais qu'une personne de mon sexe fût auprès de nous, qu'elle vous eût entendue, je pourrais du moins exiger d'elle la satisfaction qui seule me contenterait.

»— Quoi ! tu es si sensible à l'accusation et tu commets l'odieux de la chose ! Et qu'a donc été toute ta conduite envers moi sinon une suite de déceptions, de faussetés, de fourberies et de mensonges?

»— Taisez-vous, Adelaïde, car, de par l'enfer ! je ne supporterais pas un mot de plus.

»— Un mot, tu l'entendras; celui qui ne craint pas de tromper une femme est un lâche, un lâche, je le répéterai à la face de tout l'univers. »

A cette qualification avilissante, qui jamais n'avait, lui étant adressée, retenti à son oreille, le duc de Fronsac ne put se rappeler plus longtemps du sexe et des malheurs de cette créature misérable par sa faute; un mouvement involontaire lui fit porter la main à la garde de son épée, qu'il tira à demi, tandis que mademoiselle de Lespart, plus prompte que lui, parut tout-à-coup armée du couteau qu'elle ne quittait jamais, et prévenant ce qu'il allait faire, s'élança comme pour le frapper; mais avant que d'avoir pu l'atteindre, elle fut arrêtée par Noémine, qui s'élança entr'eux deux.

CHAPITRE XXXVI.

Suite d'une scène d'horreur.

Populatur artus cura.
SÉNÈQUE, *Hippolyte*, act. 2, sc. 1.
Le chagrin détruit la santé.

Jamais intervention ne fut plus heureuse, elle prévint peut-être un crime de part et d'autre, mais très certainement, au moins, elle sauva Adelaïde de celui qu'elle allait commettre, car surprise de l'apparition de sa sœur qu'elle n'attendait pas, et craignant de l'avoir blessée, elle laissa tomber le couteau menaçant. Une ombre de raison l'éclaira aussitôt, et l'horreur de sa situation, la frappant plus encore, se laissa tomber sur ses genoux qui fléchirent et ne la soutinrent pas.

Le duc de Fronsac, partagé entre la colère de l'outrage qui venait de lui être fait, et la honte de paraître s'armer contre une femme, demeurait immobile, comme si ses sens l'eussent pareillement abandonné. Une pâleur effrayante, une rougeur enflammée couvrant tour-à-tour ses joues, son corps tremblait, ses traits se crispaient, et sa bouche ouverte laissait échapper des sons inarticulés.

Et Noëline, frappée douloureusement de ce tableau sinistre, n'en comprenant pas toute la cause, avait à peine le temps de la conjecturer, occupée qu'elle était à secourir Adelaïde et à commander à la terreur qui venait glacer son ame. Incapable de soutenir un spectacle pareil, sa sœur, qu'elle appelait en vain des noms les plus tendres, ne lui répondait plus; mourante, inanimée, glacée, elle gissait sur le tapis, et Noéline n'osait demander du secours avant d'avoir connu ce qui avait eu lieu, et d'avoir pu faire disparaître l'arme fatale qui blessait péniblement ses yeux. Hors d'état néanmoins de rester dans cette incertitude affreuse, elle questionna enfin le duc sur ce qui s'était passé.

» — Nous avons joué, cette femme et moi, lui répondit-il avec une amère gaîté accompagnée d'un sourire effroyable, une scène de la grande tragédie de l'enfer. Elle a d'abord tenté de m'enlever l'honneur, et je suis entré dans son projet en paraissant m'armer contr'elle, puis a voulu m'arracher la vie. Je ne sais si avec un peu de réflexion je me serais opposé à son dessein : voilà tout.

» — Et c'est avec ce calme funeste que vous me racontez ceci ! Et pourquoi ma sœur s'est-elle portée contre vous à cette extrémité ? que lui avez vous fait ?

» — Oh ! reprit le duc, il faudrait une longue histoire pour répondre à votre question ; et puisqu'elle ne vous l'a pas contée, ce ne sera pas moi qui suppléerai à son silence. Tout ce que je peux vous dire, c'est que si la raison qui a fait divorce avec elle ne vous abandonne pas, la prudence vous ordonnera de taire à quiconque existe ce qui vient de se passer ici. Je n'y reparaîtrai plus : une destinée étrange me contrarie sans relâche. Croyez-moi, Mademoiselle, soyez muette comme la mort, s'il ne vous plait de verser des larmes à la vue d'un sang répandu qui vous est bien cher. »

Le duc, ces mots prononcés d'une voix sombre et au travers de laquelle perçaient les éclats d'une rage impuissante, s'éloigna rapidement sans attendre la réponse de Noéline, comme si le conseil qu'il lui donnait ne regardait qu'elle, et qu'il ne tînt point pour lui en particulier, au silence qu'il lui recommandait. Noéline n'avait pas attendu sa retraite pour essayer de rendre sa sœur à la vie, et pourtant, au milieu des soins empressés qu'elle lui prodiguait, ne perdait pas une parole du propos menaçant de M. de Fronsac. Elle comprit qu'il avait Exupère en vue, et certes se jura mille fois de cacher tant qu'il serait possible à ce dernier la connaissance du nom qui, dévoilé, amènerait un malheur.

Le duc éloigné, le couteau caché sous un meuble, Noéline ne pouvant faire revenir Adelaïde de ce profond évanouissement, appela Thomas et Paulette, qui lui aidèrent à placer ce corps presqu'insensible sur le lit de la chambre voisine. Cela fait, le jockey courut chercher un médecin logé dans les environs, le docteur Pelletier, homme de mérite, et qui soignait Noéline dans ses légères indispositions.

Ce ne fut pas avant son arrivée qu'Adelaïde ouvrit entièrement les yeux, tant avait été forte l'émotion extraordinaire qui la maintenait dans cet état. Le docteur dès qu'il la vit comprit la nécessité de lui ouvrir la veine, d'où jaillit bientôt un sang noir et âcre dont l'écoulement soulagea l'infortunée. Un profond soupir, quelques mouvemens agités, annoncèrent la fin de cette crise terrible.

Adelaïde enfin ouvrant les yeux les promena autour d'elle, leur imprimant le caractère d'anxiété qui annonce combien on redoute de les reposer sur quelqu'objet désagréable. La figure de M. Pelletier la fit tressaillir; mais la trouvant inconnue elle poursuivit sa recherche pénible, et sa poitrine devint moins oppressée lorsqu'elle n'eût aperçu à l'entour du lit que sa sœur, Paulette et le docteur.

« J'ai fait, dit-elle, un mauvais rêve; j'ai cru revoir celui..... Oh! Noéline, n'est-il pas vrai qu'il en voulait à ma vie?... Je l'ai prévenu, et j'ai eu la joie de le faire tomber sous mes coups.... Non! s'écria-t-elle avec un mouvement d'horreur, il n'est pas vrai que je me sois souillée d'un meurtre! N'est-ce point, ma sœur, que son crime n'est pas devenu le mien? »

Le docteur écoutait avec surprise

ces phrases incohérentes; un signe de Noéline les lui expliqua; il demanda alors avec intérêt s'il y avait d'autres soins à donner, et sur la réponse négative qui lui fut faite, se retira sans témoigner aucune curiosité indiscrète. Dès qu'il fut parti, et Noéline s'étant approchée du lit, mademoiselle de Lespart, la saisissant vivement par le bras l'attira vers elle, et appuyant sa bouche contre l'oreille de sa sœur :

« Où as-tu caché le cadavre ? lui demanda-t-elle.

» — Grâces à Dieu ! aucun meurtre n'a été commis, répondit la jeune fille ; ta force a trompé ta colère, et il s'est retiré sans accident.

» — Tu le crois ! eh bien ! soit, qu'il vive afin que je puisse le persécuter plus-longtemps..... Tu ne connais pas la perversité de cet homme ; tu ne peux soupçonner de quoi il est capable.... Redoutes-le, ma sœur, et surtout garde-toi de l'aimer.

» — Moi l'aimer ! s'écria Noéline. Hélas ! il m'a toujours inspiré de la haine, et maintenant il me devient encore plus odieux, car je devine qu'il n'est que trop mêlé dans les incidens de tes infortunes.

» — C'est lui qui feignant de m'aimer m'a déshonorée et trahie, qui a causé la perte d'un être innocent ; lui qui rend mes jours si amers et mes nuits si longues ; lui auquel je parle sans cesse en dépit de ma volonté. Ah ! si tu savais toutes les souffrances qu'il assume sur ma faible tête !....

Noéline, jure-moi bien qu'il n'est point ton amant.

» — Il a voulu l'être, ma sœur; il m'a ravie à ma mère expirante, m'a retenue un mois dans une captivité coupable à laquelle mon désespoir me procura l'énergie nécessaire pour m'en échapper. Hélas! pendant ce temps ma mère avait cessé de vivre, et tout me porte à croire que la douleur de ma perte occasionna sa mort; et après de tels faits tu pourrais croire que mon cœur écouterait sans frémir les amours d'un tel monstre! Ah! garde-toi de le penser, et juge mieux de ta sœur.

» — Noéline, je te remercie de la franchise de ton aveu, il me fait du bien autant que je puisse être soulagée dans ma position présente; car, je ne me le dissimule pas, le coup que je lui destinais est retombé moralement sur mon cœur ; je me suis blessée à mort en voulant le frapper lui-même. Mes heures désormais sont comptées, et je marche rapidement vers leur fin. »

Noéline, péniblement émue du propos mélancolique de sa sœur, l'embrassa en fondant en larmes, la conjurant de mieux espérer de l'avenir, et de ne pas renoncer ainsi à une existence que l'amitié fraternelle rendrait sans doute plus douce. Adelaïde, secouant la tête avec tristesse, répliqua qu'elle connaissait trop bien son état pour se faire aucune illusion.

« La vie m'échappe, poursuivit-elle, je suis incapable de soutenir la vive attaque à laquelle je ne résiste qu'imparfaitement ; mes forces se sont épuisées, je ne les renouvellerai pas. Écoutes-moi, chère sœur, appelle ici quelques personnes de ta connaissance, je désire m'expliquer devant elles, afin que rendant témoignage en plein et entier retour de ma raison, elles puissent te servir à recueillir mon héritage. »

Ce propos ne fit qu'ajouter au chagrin de Noéline, qui ne s'occupa nullement de faire ce que sa sœur demandait. Peu après arrivèrent presque en même-temps Exupère et Sophie de Lagrange.

Noéline recevait son amant à part et lui racontait dans tous ses détails l'histoire de sa sœur et la catastrophe funeste qui venait d'éclater, tout en passant sous silence le nom de l'homme qui en était le fatal auteur.

Pendant ce temps, Adélaïde demeurée seule avec Sophie, lui répéta ce qu'elle avait dit précédemment, et montra une extrême sollicitude pour que ses dernières dispositions fussent faites presqu'aussitôt. Sophie, plus prudente que Noéline, n'opposa pas la même résistance au désir de mademoiselle de Lespart; il fut convenu entr'elles deux que le même jour, à six heures du soir, mademoiselle de Lagrange amènerait six témoins, gens graves et importans par leur position dans le monde, en même-temps qu'elle préviendrait la famille maternelle d'Adelaïde et le notaire chargé jusques-là de ses intérêts. Sophie, sans se retarder et sans revoir sa jeune amie, partit pour remplir la commission confiée à ses soins.

Exupère, surpris de ce qu'il apprenait, ne dévoila pas à Noéline tout ce qui agitait son ame ; une voix intérieure lui criait que le duc de Fronsac était certainement le séducteur dont on lui taisait le nom. D'ailleurs, n'en avait-il point la preuve évidente ? mademoiselle de Lespart ne s'était-elle pas offerte plus d'une fois, occupée à poursuivre ce seigneur sans vertu ? Quel autre que lui aurait donc joué ce rôle, dont tous les aspects se rapportaient si bien aux actes de sa vie désordonnée ? Ah ! comme il s'élevait dans Exupère des mouvemens de fureur et un désir irrésistible de vengeance! Il ne lui était guère plus possible de se ressouvenir de la promesse faite au maréchal de Richelieu, et en opposition à cette sorte de serment, il se jura de ne plus éviter les occasions de s'expliquer avec un homme qu'il ne lui serait plus possible de voir tranquillement agir devant lui.

Mais plus il s'affermissait dans cette pensée, plus il mit de la constance à la déguiser. Il ne fit aucune objection à Noéline et parvint ainsi à la rassurer complétement. Tous les deux revinrent auprès de mademoiselle de Lespart qui, plus calme parce qu'elle était plus affaissée, fit peu d'attention à la présence du premier page, qu'elle ne connaissait pas. Noéline crut avec raison le moment peu favorable pour le présenter intimément à sa sœur, et le lui faire connaître sous son double titre de libérateur et d'amant, ne croyant pas non plus que le danger fût si prochain, et que les prévisions sinistres d'Adelaïde se vérifiassent encore.

Exupère, voyant celle-ci dans une sorte d'assoupissement, se retira dans une pièce voisine, où il resta jusqu'à environ cinq heures du soir.

Il venait à peine de sortir que l'appartement de Noéline fut en quelque sorte envahi d'abord par les parens de mademoiselle de Lespart, qui au nombre de six arrivèrent en même-temps que le docteur Pelletier. Ils avaient avec eux des hommes de loi afin d'instrumenter s'il leur était possible, et tous gens des deux sexes, manifestèrent une mauvaise humeur à laquelle ne se mêlait aucun chagrin de la situation alarmante de leur cousine.

Noéline ne les attendait pas, aussi fut-elle surprise étrangement de leur venue, de leurs questions multipliées et du sorte d'interrogatoire qu'ils se permirent de lui faire subir. Confondue de ce procédé, et sa candeur n'en devinant pas la cause, elle se contenta de leur répondre qu'elle était propre sœur de mademoiselle de Lespart, et qu'elles avaient un père commun. La preuve lui en fut demandée; elle alla chercher les titres qui l'établissaient victorieusement, et leur vue troubla beaucoup cette famille avide.

Tout ceci avait lieu en présence

d'Adelaïde, qui paraissait dormir encore, et en celle du docteur, qui en ressentit une véritable indignation. Voyant Noéline seule contre cette nuée d'ennemis, il prit sa défense, et combattait pour ses droits lorsqu'une nouvelle compagnie se fit annoncer dans le salon. C'étaient les ducs de Sully et de Villeroy, MM. Bertin et de Boullongne, les avocats Gerbier, de Hansy et Legouvé, etcortés de M. Aubert, notaire, logé alors rue Bar-du-Bec. La vue de ce renfort qui venait au secours de Noéline, et surtout du notaire d'Adelaïde, confondit désagréablement ceux qui avaient le projet de ramener de vive force la malade dans sa demeure ordinaire, et qui déjà parlaient de requérir l'assistance du commissaire du quartier pour leur donner main-forte dans cette translation.

M⁰ Gerbier, aussi célèbre par ses qualités personnelles que par ses talens, prit la parole, et s'adressant au docteur Pelletier, lui enjoignit de constater l'état de mademoiselle de Lespart, afin de savoir s'il était probable qu'elle pût supporter un changement de lieu. Sur la réponse négative, Gerbier déclara que la loi rendrait responsables des accidens qui surviendraient ceux qui les provoqueraient par tout acte inconvenant. Cela fait il pria la famille de mademoiselle de Lespart d'envoyer quérir sur-le-champ les deux ou quatre médecins qu'il leur conviendraient de choisir. Trois du quartier furent appelés. Alors toute la foule passa dans la chambre à coucher, et Sophie s'étant approchée du lit, dit à celle qui y reposait que ses volontés étaient exécutées ; que messieurs et mesdames de Saint-Élix étaient là, ainsi que le notaire, son collègue et les témoins qu'elle avait appelés.

Adelaïde la remercia en termes qui n'annonçaient aucune hallucination ; puis, prenant la parole, s'expliqua avec autant de justesse que de netteté, déclarant qu'elle voulait faire à l'instant même son testament en faveur de sa sœur de père, Noéline de Lespart. Les médecins ensuite lui firent diverses questions dont les solutions donnèrent aux témoins la preuve éclatante que, dans ce moment au moins, la lucidité de ses idées était complète et point obscurcie par aucune folie. En conséquence leur rapport unanime décida que cette personne gisante devant eux possédait ses facultés mentales au degré nécessaire pour la laisser agir selon sa pleine volonté.

Les Saint-Élix, désespérés de la tournure que prenait l'affaire, partirent après avoir fait les protestations dont leur ame intéressée n'eut pas de honte, mais sans pouvoir mettre obstacle à ce que les dispositions de leur cousine ne fussent accomplies, et l'acte dressé qui investissait après sa mort Noéline de la totalité de sa fortune. Les témoins le signèrent, et lorsque tout fut conclu on se retira, après que Sophie eut remercié au nom de sa jeune amie qui, absorbée par le chagrin que lui causait l'état de sa sœur, était insensible à la perspective des richesses dont on venait de l'investir.

CHAPITRE XXXVII.

Il ne le sauvera pas.

Après la faute commise, la providence empêche souvent de la réparer.
Abbé Prévost.

Mademoiselle de Lespart passa une nuit meilleure qu'on ne l'avait espéré, quoique ses forces continuassent à décliner rapidement; le plaisir d'avoir assuré le bien-être de Noéline semblait avoir suspendu la violence de son mal intérieur, et M. Pelletier conjectura qu'elle pourrait vivre quelque temps encore. Cette décision fut agréable à la bonne Noéline, qui ne voyait que la douleur de perdre celle que, commençant d'aimer parce qu'elle ne faisait que de la connaître, se faisait sa bienfaitrice dès le moment où la providence les avait rapprochées.

Sophie venait chaque jour la consoler et prodiguer ses soins à la malheureuse Adelaïde. La commotion que cette créature infortunée avait reçue de sa rencontre dernière avec M. de Fronsac, l'avait pleinement rappelée à la raison ; aussi supportait-elle avec plus de résignation les maux qui pesaient sur sa tête.

Exupère venait bien souvent auprès de son amie, et ne pouvait concevoir comment il lui avait préféré la princesse; car depuis quelque temps les rigueurs prolongées d'Oldanti, loin de le rattacher à elle, l'en éloignaient de plus en plus. Il y a des hommes faciles à se dépiter contre des prétentions trop hautes, et que l'on ne conserve que par un adroit mélange de complaisance et de sévérité. L'Italienne ne s'occupait pas de ce qu'il fallait faire pour retenir un pareil esclave; elle cherchait plutôt les moyens de le punir de son infidélité. Elle était dans ces dispositions quand le duc de Fronsac se fit annoncer.

« Eh bien! Madame, lui dit-il, nous sommes toujours dans la même position; celui qui vous a trompée est heureux et triomphe, et vous n'exaucez pas mon amour.

» — Je ne veux plus, reprit Oldanti, me confier à un cœur français avant d'avoir éprouvé de quelle ardeur il sera capable. Le nom de M. de Mauran m'irrite lorsqu'on le prononce, et je vois que vous supportez tranquillement sa constante rivalité avec vous.

» — Puis-je faire autrement ? répondit le duc avec impatience ; je crains le rôle ridicule de jaloux. Il m'en coûte, d'ailleurs, d'apprendre à tout Paris que je suis réduit à me fâcher contre un enfant parce qu'il m'est supérieur dans toutes mes entreprises ; vous ne soupçonnez pas le discrédit dans lequel on tombe au pays où nous sommes, lorsqu'on avoue soi-même le peu d'importance dont on jouit; mais ce que je ne fais point, qui vous détourne de le faire? Il y a, je vous assure, un moyen parfait de le désespérer, c'est de le contraindre à quitter ses conquêtes et à l'envoyer dans sa garnison. Il n'est à Paris que par tolérance : un ordre du ministre de la guerre l'en écarterait bientôt. »

Cette manière de persécuter Exupère convint à la princesse, qui, différente de Phèdre, s'occupait peu si son amant volage aimerait encore Noéline lorsqu'il ne la verrait plus; en conséquence elle se promit de tenter quelques démarches qui pussent arracher le comte de Mauran aux délices de Paris. Le duc de Fronsac, en se refusant à agir lui-même, cédait dans cette circonstance à plusieurs considérations majeures qu'il ne lui plaisait pas de faire connaître.

La première provenait de ses rapports récens avec mademoiselle de Lespart; ils avaient excité dans son âme une sorte de remords qui lui inspirait le désir de cesser de se mêler de certaines intrigues, dont aucune ne lui avait réussi, et qui toutes agitaient sa vie de manière à la tourmenter. Il voyait encore cette femme malheureuse implorer sur lui le châtiment du ciel; il entendait ses cris frénétiques, ses imprécations effrayantes retentir à son oreille et lui annoncer un funeste avenir. L'outrage qu'il avait reçu, le fer rapproché de sa poitrine, la certitude que Noéline connaissait maintenant la perversité de sa conduite, que Sophie en serait instruite et le public aussi, achevaient de le mettre dans cette position difficile dont son audace, son orgueil, ne le sauvaient pas. Le duc redoutait l'opinion générale; il la savait peu disposée à son égard, et quoiqu'il la bravât en quelques parties, il reculait à la pensée de l'irriter trop complétement.

La Reine d'ailleurs, et peu de jours auparavant, lui avait dit avec une sorte d'affectation chez la duchesse de Polignac: « Monsieur le duc, je sais que vous êtes chargé par la famille de Mauran de servir de guide au comte Exupère; je souhaite que vous répondiez à son désir dans toute l'étendue possible, car ce jeune homme intéresse mon amie, dont il a l'honneur d'être parent. »

Ce propos, sans doute, aurait suffi pour changer les dispositions hostiles d'un courtisan qui ne se serait aperçu que du sens apparent; mais le duc, en écoutant la Reine, y avait vu plus encore. Son habileté à surprendre ce qu'on lui cachait ne s'était pas démentie en cette circonstance, et dans ces mots il avait appris que la Reine le soupçonnait d'être malveillant à l'égard du jeune page, et qu'elle le prévenait de changer de conduite, car il lui plaisait de prendre ce jeune homme sous sa puissante protection.

Le duc, singulièrement blessé de ceci, et d'ailleurs ne voulant pas se brouiller avec Sa Majesté, s'était promis une circonspection toute particulière ; il avait décidé de porter désormais les coups qu'il destinait à Exupère avec tant de prudence, qu'on ne pût l'en accuser : cela donc le retenait encore. Son ambition luttait contre les inspirations de son amour-propre, et le préservait de démarches qui eussent accéléré une catastrophe que peu de temps auparavant il avait jugé inévitable et à laquelle il se préparait déjà.

Il était donc dans cet état d'incertitude lorsque son père le rencontra au château de Versailles, sur la terrasse de l'Orangerie. Ils se voyaient peu. Le maréchal, après avoir reçu son salut, l'appela :

« Monsieur, lui dit-il, la journée

est belle, vous serait-il agréable de vous promener au soleil ? Cette douce chaleur convient à mon âge, je crois qu'elle ne déplaira pas à votre vieillesse anticipée. »

Le duc de Fronsac était peu accoutumé à de tels rapprochemens de la part de son père ; il aurait pu croire à un retour de tendresse, n'eût été la malice de ces derniers mots. Quoique sa proposition le chagrinât, il n'osa pas s'y refuser, se contentant de répondre :

« Je ne puis avoir, Monsieur, que la santé que vous m'avez donnée.

» — Ah ! s'il vous plaît, répartit le maréchal, ne m'accusez point du résultat de vos folies ; j'ai su me conserver et non me perdre ; tandis que vous avez couru à votre perte en enfant qui ne peut raisonner.

» — J'ai pourtant voulu vous imiter.

» — Non, pas en tout, Monsieur; il vous a convenu de faire l'homme à bonnes fortunes; c'est une carrière que l'on ne va loin, lorsqu'on n'y joint pas celle de la gloire, qui ne vous a plu dans aucun temps.

» — Vous êtes sévère, Monsieur.

» — Je suis juste et j'ai droit de l'être. Il m'est pénible de voir que l'illustration de ma maison s'arrête à moi.

» — Avez-vous des ordres à me donner? demanda le duc de Fronsac, à qui cette conversation était peu agréable.

» — Des ordres? non, je voulais

causer avec vous d'un point que j'aurais dû traiter plutôt et qu'il est tard peut-être de placer sur le tapis. Dites-moi, monsieur le duc de Fronsac, quelles sont vos dispositions présentes envers le jeune Exupère de Mauran? »

Un geste d'impatience échappa au duc et prévint sa réponse.

« En vérité, répliqua-t-il ensuite, je ne m'en occupe guère, car je ne pense pas que ce beau damoisel soit assez important.....

» — Pour vous peut-être ne l'est-il pas; mais moi je dois vous dire que je le vois avec d'autres yeux; que parmi les vertus dont l'observation me fut toujours sacrée, j'ai mis en première ligne la fidélité à remplir les engagemens que je prenais; c'est par conséquent celle à laquelle il me serait le plus pénible de manquer. Le marquis de Mauran vous a recommandé son fils; vous avez accepté ce patronage, ce serait avec chagrin et honte que je vous verrais y faire faute : c'est sérieusement que je vous parle.

» — J'avoue, dit M. de Fronsac avec plus de dépit encore, que je n'attache pas autant de gravité à une lettre d'un provincial et aux actions d'un page. On a voulu que je présentasse M. de Mauran dans diverses sociétés, je l'ai fait : il va chez ma sœur, chez mesdames de Luxembourg et de Brionne....

» — Et chez la Saint-Préban, et chez des demoiselles de l'Opéra où vous l'avez conduit également, ajouta le maréchal; croyez-vous que ce soit là que le marquis de Mauran aurait souhaité que son fils fût produit?

» — Tout le monde voit ces demoiselles : on va chez elles un peu plus tôt, un peu plus tard, et je n'ai fait que diriger le jeune homme qui, sans moi, aurait vu plus mauvaise compagnie.

» — Et comment justifierez-vous également, monsieur le duc, l'appui singulier que vous prêtez à son ex-pédagogue, le soin avez lequel vous avez pris les intérêts de ce vil abbé dans toutes les circonstances, même lors de son abominable démarche contre son ci-devant disciple?

» — Moi! monsieur, je vous jure...

» — Lisez avant de faire aucun

serment, reprit le maréchal en sortant un papier de sa poche, cette lettre dont sans doute vous avez oublié le contenu. »

Il la donna à son fils qui, à sa confusion inexprimable, la reconnut pour celle qu'il avait écrite au prince de Montbarrey en faveur de l'abbé Romar.

« Vous voyez, poursuivit Richelieu, que je suis instruit de tout. N'en accusez que la Reine elle-même, qui a voulu connaître le dossier de cette fâcheuse affaire, et qui, dans sa surprise de vous y voir mêlé, m'a chargé de vous en témoigner son mécontentement.

» — Allons, dit M. de Fronsac en frappant la terre du pied, ce damné personnage ne grandira que pour mon malheur ! Que je le hais !

» — Vous ne pouviez me faire plus de peine, mon fils, dit le maréchal avec un ton de douleur affectueuse qui ne lui était guère familier et qui surprit de plus en plus M. de Fronsac; j'aurais acheté cher l'assurance que vous seriez bienveillant envers ce jeune homme, que vous devineriez l'intérêt que je lui porte et que votre sœur a pour lui. Tachez, s'il vous est possible, de revenir à de meilleurs sentimens à son égard, vous m'obligerez, je vous assure ; songez à la différence d'âge entre vous et lui, à ses heureuses qualités, à ce que vous vous devez, à la protection dont la Reine l'honore, à ses rapports de famille avec les Polignac, les Polastron, et à l'amitié que je lui porte.

» — Toutes ces considérations, reprit le duc de Fronsac, sont bien puissantes; elles militent d'un grand poids en sa faveur.... Tenez, mon père, il y a un bon moyen de tout accommoder; faites-lui quitter Paris pendant quelque temps; qu'il aille à sa garnison, nous nous perdrons de vue, et au retour tout sera oublié.

» — Je vous remercie du traité que vous me proposez, répliqua le maréchal, quoiqu'en vérité il ne soit pas à votre avantage. Avez-vous tant de faiblesse que pour triompher d'un mouvement de dépit inspiré par l'amour-propre, l'éloignement de votre antagoniste soit nécessaire? N'importe, on vous accordera cette satisfaction; mais ensuite?...

» — Recevez ma parole que lorsque je le reverrai mes dispositions seront changées. Puis-je encore vous être bon à quelque chose ?

» — Non, aussi-bien je comprends que ma présence vous chagrine autant que le sujet que nous traitons. Je prends seulement votre parole, bien persuadé que vous n'oublierez jamais à qui elle a été donnée.

» — A l'homme auquel je voudrais manquer le moins, monsieur le maréchal, répartit le duc, qui, après avoir profondément salué son père, s'éloigna en déchirant en mille pièces la lettre qu'on ne lui avait pas redemandée. »

Cette explication acheva de lui rendre Exupère insupportable, et néanmoins de le déterminer à ne pas se compromettre avec lui. M. de Fronsac, sur ces entrefaites et comme il passait sous le vestibule de Diogène, rencontra l'abbé Romar qui le cherchait.

« Monseigneur, dit celui-ci; je viens en messager, du commandement de la princesse de San Severino, vous prévenir qu'elle a obtenu hier au soir du marquis de Ségur, l'expédition de la lettre de service qui ordonne au comte Exupère d'aller rejoindre son régiment à Metz. »

Cette nouvelle, qui le matin même aurait charmé M. de Fronsac, le contraria à cette heure; il aurait voulu que son père seul eût pris la charge du départ de son jeune rival, et il craignit que la précipitation avec laquelle cette intrigue avait été conduite, ne fournît au maréchal un nouveau sujet de mécontentement ; aussi, loin de s'en montrer satisfait, il envoya la princesse et l'abbé un peu plus loin que le diable, et cela sans être gêné par la présence de celui-là.

Romar, stupéfait, essaya cependant de faire valoir le zèle qu'il avait mis dans la conduite de la trame ourdie contre le page ; il en demanda encore la récompense.

« Je charge, dit le duc, le comte Exupère de vous la donner. Vous êtes un sot imbécille qui, sans jamais réussir, avez nuit à tout ce que vous avez entrepris. Sortez de ma présence, et ne comptez sur moi désormais que pour aider à vous faire obtenir le châtiment dont vous êtes si digne. »

Après ces paroles foudroyantes pour l'abbé, il le poussa avec violence en signe de mépris, et poursuivit son chemin. L'abbé, atterré de cette déclaration à laquelle il était loin de s'attendre, et voyant disparaître la possession de ce bénéfice tant espéré, au moment presque du succès, entra dans un véritable désespoir, qui lui enleva presque l'usage de sa raison. Ce misérable intrigant sortit machinalement dans le jardin, et là s'assit sur le premier banc trouvé, occupé à chercher par quelles voies il reviendrait à sa position première, qui, loin de s'améliorer, avait tant empiré. Il voyait avec douleur combien ses trahisons envers Exupère lui avaient été nuisibles, loin d'aider à son avancement; il éprouvait le regret de l'ambition trompée, qu'il se plaisait à prendre pour du remords, et tout-à-coup une pensée venant à le frapper, il s'arrêta à l'examiner sous toutes les faces, et à méditer sur l'avantage qu'il pourrait en retirer.

CHAPITRE XXXVIII.

La raison combat l'amour.

> .... La raison à mon gré
> Ne règle pas un cœur par l'amour égaré.
> Crébillon. *Idoménée*, act. II, scèn. 3.

Le marquis de Rochemare vint lui-même visiter le comte Exupère de Mauran, qui demeura étrangement surpris de cette démarche; il s'empressa au-devant de ce vieillard respectable, et lui demanda ce qui lui procurait l'honneur de le voir chez lui.

« La volonté de votre père et les inquiétudes que vous lui causez, jeune étourdi. Des personnes qui jouissent à Paris d'une haute considération, lui ont mandé que vous étiez sur le point de prendre la fuite avec une fille de mauvaise vie et de naissance illégitime, qui, par ses ruses, vous aveuglait en vous inspirant un fol amour, tandis que d'un autre côté elle ruinait tout une famille en la privant d'un héritage légitimement acquis. Votre père, inquiet, m'a chargé de savoir la vérité, et comme je me suis mal trouvé naguère de vous accuser avant de vous avoir entendu, je suis accouru dans le dessein de m'expliquer franchement avec vous sur cette allégation nouvelle. Que pouvez-vous m'en dire ? je suis ici prêt à vous écouter.

» — Il y a, répondit Exupère, il y a dans ce pays des gens qui se plaisent bien à me poursuivre, et qui se sont juré sans doute de ne point me laisser en repos : chacun de mes actes est interprété odieusement, et, de ce qu'il y a de plus naturel, on a soin d'en faire une action condamnable. Par exemple, qui peut-on avoir en vue dans ce cas-ci ? ce doit être la fille d'un homme de qui, après de longues infortunes, a retrouvé une sœur aînée, riche d'ailleurs, qui lui a cédé par un acte régulier auquel ont servi de témoins les ducs de Sully, de Villeroi, MM. de Boullongne et Bertin, toute sa fortune : je la vois quelquefois....

» — Mais cela ne peut être la personne dénoncée à votre père; on prétend qu'elle mène une mauvaise vie, que vous vivez avec elle, et que ses connaissances intimes sont des femmes sans pudeur.

» — Je crois que l'on exagère ou que l'on est injuste.

» — Vous ne me répondez pas avec cette franchise que j'aurais tant aimé à trouver en vous, permettez-moi de vous le dire, répliqua le marquis de Rochemare.

» — Eh bien ! Monsieur, répartit Exupère en rougissant, je conviendrai que j'ai eu des rapports intimes avec cette jeune dame, mais ne prenez pas d'elle une trop mauvaise opinion avant que je vous aie raconté son histoire. »

Il le fit sans rien déguiser ; le marquis y prit presque de l'intérêt, et lorsqu'il eut cessé de parler, lui dit :

« Je suis charmé de ce que vous me contez, quoique j'éprouve de la peine à vous voir en opposition avec le duc de Fronsac; pourquoi, le connaissant pour le persécuteur de Noéline, avez-vous consenti à vous rapprocher de lui ?

» — C'est là mon tort, mais je suis excusable : j'étais encore presqu'un enfant, je n'aurais pas osé vous confier les motifs de ma répugnance; vous devez vous rappeler, Monsieur, combien je le manifestais. Rendez maintenant quelqu'hommage à la prudence de ma conduite, tout autre à ma place aurait agi différemment.

» — Je vois, dit le marquis en souriant, que vous êtes très raisonnable au milieu de vos extravagances, et que nous avons encore des actions de grâces à vous rendre; mais cependant cette belle persécutée me paraît très agréable, et partant dangereuse pour votre avenir : elle est de bonne maison par son père, elle sera riche, elle vous aime, vous le lui rendez.... Croyez-vous qu'elle puisse un jour devenir votre femme ? n'avez-vous pas mis des obstacles invincibles à ce que ce titre lui pût être accordé ? »

Un nuage passa dans les yeux d'Exupère et assombrit son front, son visage rougit en même-temps, et il se hâta de répondre avec vivacité :

« Eh ! Monsieur, jusqu'à cette

heure je ne m'étais point occupé de l'avenir ; je vois avec chagrin que vous y songez pour moi, et que vous me placez maintenant dans une position difficile ; au reste, vous n'êtes pas le seul à vouloir m'établir à votre fantaisie, déjà la comtesse d'Egmont m'avait parlé....

» — Je le sais, Éxupère, et je sais aussi que vous ne lui avez rien répondu.

» — Je suis bien jeune.

» — Dites plutôt que vous êtes sous l'enivrement d'une passion dont vous ne comprenez pas le danger, qu'il est à propos de chercher à vous en affranchir, car il n'y a qu'un seul mauvais mariage à faire dans le monde, c'est celui qui nous unit à une femme déshonorée, ou par nous ou par notre consentement; et, d'après votre récit, cette demoiselle ne voit-elle pas bien mauvaise compagnie? et celle qui portera votre nom pourra-t-elle demeurer liée avec des actrices de l'Opéra ? Réfléchissez à ma question et à la position de votre maîtresse ; ne me répondez point aujourd'hui, car on ne peut prendre en une heure une détermination décisive sur un point qui est pour vous de si haute importance. Au demeurant, je vous quitterai moins allarmé sans doute sur votre choix, mais peu rassuré sur ce qu'on peut espérer de votre sagesse. »

Exupère écouta ce long propos avec une extrême patience ; il souffrait à la pensée d'un état de choses dont jusqu'alors il ne s'était pas occupé. Noéline faisait le contentement de sa vie, et il avait cru que cela durerait toujours. Ainsi maintenant on lui présentait cette liaison si douce sous un aspect fâcheux ; il sentait la puissance des obstacles qui ne tarderaient pas s'élever entr'elle et lui, et il aurait souhaité que loin de les lui offrir à l'avance, on l'eût laissé se bercer dans une charmante erreur.

La haute expérience du marquis de Rochemare lui apprit les combats qui se livraient dans le cœur de l'ex-premier page ; il comprit en même-temps que ce n'était point alors qu'il convenait de le tracasser davantage, dans la crainte d'appeler, ainsi qu'il arrive trop souvent, l'opiniâtreté au secours de la tendresse, tandis que celle-ci, livrée à elle-même, s'endort au milieu des douceurs de la jouissance. Le vieux seigneur se contenta donc de représenter à Exupère combien il se devait de respect à lui-même et à ses parens, et qu'il se flattait que jamais il ne voudrait rien faire de propre à porter atteinte à sa réputation et à l honneur de sa famille. Peu après il le quitta.

Le chevalier de Telnange vint le remplacer; il trouva son ami pensif et presque mélancolique. Lui qui ne pouvait demeurer chagrin un instant, se hâta de lui demander la cause du souci qui éclatait sur ses traits.

« Je suis, dit Exupère, dans une perplexité étrange. Figure-toi que mes proches s'inquiètent de ma liaison avec Noéline, et que déjà ils s'informent de mes projets à venir se rattachant à elle.

» — Ce sont là, répondit Telnange, des parens bien curieux de t'adresser une question que certainement tu ne t'étais pas faite à toi-même. Sais-tu ce que tu feras dans un an ? tes pensées même de la semaine prochaine te sont-elles connues ? Non, sans doute. Toi et moi vivons au jour le jour dans un vague parfait ; mais c'est pour en mourir, quand j'y songe, que de vouloir forcer des gens de notre âge à former des plans arrêtés pour un temps qui n'existe pas.

» — C'est ce que je me répète à moi-même, répliqua Exupère, lorsque la fantaisie me prend de m'interroger aussi. Cependant M. de Rochemare, en me parlant sur cette matière, a troublé singulièrement mon ame et m'a mis à portée de juger combien Noéline m'était chère. Sais-tu que je frémis à la pensée de la quitter ?

» — Et pourquoi la quitter puisqu'elle t'est agréable, puisque tu te plais en sa société ?

» — Je crains qu'elle ne me devienne trop chère et que plus tard,....

» — Que veux-tu dire ?

» — Mais l'amour que je lui porte et les promesses que je lui ai faites...

» — Eh bien !

» — M'obligeront peut-être, poursuivit Exupère avec une sorte d'embarras dont certes son ami ne devinait pas la cause, à consacrer par le mariage.... »

Les éclats de rire de Telnange coupèrent la parole à l'amant de Noéline, qui resta tout interdit: les élans de cette gaité se prolongèrent. Enfin le second page prenant son ami entre ses bras:

« Oh! lui dit-il, laisse-moi te remercier de ton abnégation de gloire et de réputation! Quoi! lorsque tu étais à mes yeux un objet d'envie, lorsque dans mon imagination je te plaçais à la tête de nos jeunes roués, toi, en berger mélancolique des bords du Lignon moderne, travaillais à détruire cette bonne opinion! je ne puis assez t'en rendre grâce. Mon dieu! cher Exupère, que tu es ridicule!

» — Grand merci du compliment.

» — Ah! non pas, on te le doit, il t'est bien acquis je t'assure. Un premier page à dix-neuf ans; un homme de qualité; fait pour prétendre aux plus beaux partis du royaume, irait s'amouracher d'une petite fille au point de lui donner son nom! et c'est sérieusement, c'est en face de moi qu'il ne craint pas de tenir ce propos étrange!... En vérité, si je le répétais tu serais abimé.

» — Je croyais, répartit Exupère, dont la mauvaise humeur égalait la confusion, que l'honneur commandait....

» — De ne rien faire qui porte atteinte à la dignité de notre condition; de vivre avec les demoiselles lorsque cela nous amuse et parce que c'est un des privilèges de notre caste ; mais de les épouser ! Ah ! Mauran, tu serais perdu parmi nous si l'on te soupçonnait seulement d'être capable d'une telle folie. Je tâcherai de l'oublier, et te le promettre est la plus forte preuve d'amitié que je puisse te donner. »

Exupère, confondu de la manière avec laquelle Telnange prenait la chose, et des railleries qu'il en reçut encore après, s'irrita presque. Afin de ne point se montrer faible, il prétendit que Noéline, outre qu'elle était noble et serait riche, possédait toutes les vertus et les qualités nécessaires au bonheur de la vie.

« Et tu ajouteras qu'après avoir vécu sous ta protection clandestine, répliqua Telnange, elle a paru sur l'horizon sous la conduite d'une danseuse de l'Opéra ! que déjà dix financiers et vingt des nôtres te la disputent et la marchandent, et que si, pour l'emporter sur eux il faut que tu allumes les flambeaux de l'hymen à ceux de l'amour, ce sera mettre à haut prix un bonheur dont tu jouis avec une constance extraordinaire.

» — Mais à qui la faute, Telnange, si Noéline n'est point à sa place ? à moi, sans doute.

» — Il fallait y songer lorsque tu l'as sauvée des poursuites de son persécuteur, la conduire derrière la grille d'un monastère, la rendre respectable si tu voulais la faire respecter. Qu'as-tu fait en place de ceci ? Tu l'as bravement établie dans son ménage, tu lui a plu; le reste est advenu, et maintenant que la chose est irréparable, ne vas pas ajouter à des torts envers elle, ceux que tu aurais envers toi. Tu l'aimes : eh bien ! sois content de ton esclavage ; tâches seulement que la chaîne demeure assez légère pour que tu puisses la rompre lorsque les convenances te le commanderont.

» — Ainsi, dit Exupère avec dépit, Noéline, qui est honnête, ne pourra pas être ma femme parce qu'elle est malheureuse! mais, par exemple, je pourrais épouser la princesse de San Severino, sans que ton orgueil s'en allarmât pour moi.

» — Dis mon amitié, Exupère, et le mot sera plus juste. Que l'Italienne vaille mieux ou non, la question n'est point là ; je la transporte sur son terrain positif. Il y a des préjugés établis qui guident la société tout entière, ceux-là ne peuvent être enfreins sans nous séparer du monde au milieu duquel nous vivons, sans nous attirer son blâme, et, qui pis est, ses mépris ; force est à nous de plier sous les règles qu'il impose, à moins de nous en séparer. C'est un tyran irréfléchi, c'est possible ; mais tant que nous le reconnaîtrons pour notre souverain, agissons à sa fantaisie.... Vois, poursuivi Telnange en riant, à quel point tu es déraisonnable, puisque tu m'obliges à raisonner pour toi ; c'est intervertir nos rôles. Tâches, je t'en supplie, en devenant sage, que je rentre dans celui qui m'est naturel. »

Exupère, plus peiné et piqué que convaincu, essaya d'en finir par des plaisanteries ; son ami riposta sur le même ton, et tous les deux, comme s'ils fussent lassés de soutenir une thèse aussi grave, se rejetèrent dans des divagations qui la leur firent oublier. Cependant les deux assauts que le premier page venait d'essuyer coup sur coup ne le détournèrent pas de courir chez Noéline ; il la trouva dans une sorte de joie, motivée sur l'amélioration de la santé de sa sœur, qui, par une crise heureuse, revenait vers une guérison entière, tandis qu'elle avait paru toucher à son terme fatal ; un mieux certain se déclarait, et en même-temps la sorte de démence qui affligeait son esprit se dissipait complétement, n'étant plus excitée par l'affreuse combinaison d'une famille qui en tirait un profit réel.

La tendre amitié de Noéline, ses soins constans, son désir de rendre à sa sœur les bienfaits qu'elle en recevait, procuraient à celle-ci un bien-être inaccoutumé, et attendu que l'ame était plus tranquille, le corps reprenait de la vigueur. Ce fut avec une allégresse vraie que la jeune fille donna ces détails à son amant; elle lui peignit ses sentimens fraternels si chaleureusement, se montra sous un jour si avantageux, que lui, venant à se rappeler combien déjà on lui parlait contre elle, en éprouva une vive douleur et une augmentation d'amour qu'il manifesta de manière à rendre

Noéline complétement heureuse. Pouvait-il faire moins pour la récompenser de son abandon et de ses vertus?

Exupère éprouva en même-temps un des caprices de la destinée qui semble parfois vouloir combler avec une sorte d'extravagance ceux qu'elle a dédaignés ou dont elle est prête à faire le malheur, afin sans doute de les obliger à en mieux apprécier toute l'amertume. La Reine le traita avec une bienveillance plus marquée, causa plus souvent avec lui, et dans une partie de *descampativos* lui fit l'insigne honneur de le choisir pour partner.

Ceci fut remarqué, commenté, critiqué, jalousé; car la moindre preuve de faveur est très importante aux yeux des courtisans, toujours moins satisfaits de celles qu'ils obtiennent qu'envieux de la portion dont un autre jouit. Exupère n'échappa point au sentiment pénible que fit naître en eux cette préférence de la Reine, et encore en conséquence d'un usage antique de la cour, on ne le lui manifesta pas; mais on se mit en mesure de lui nuire pour peu que continuât à son égard la bonne volonté de la Reine.

Le lendemain de ce *descampativos* si important pour lui, il soupait chez madame d'Egmont, et il y arriva que déja le duc de Frousac y était avec madame de San Severino. Dès que la comtesse l'aperçut :

« Approchez, heureux enfant, lui dit-elle, vous à qui la fortune tend les bras et qui êtes destiné à une si brillante carrière.

» — Voilà, Madame, dit le marquis de Chatelnux, présent aussi à l'entrée d'Exupère, un pronostic dont le comte de Mauran ne se plaindra pas.

» — Et que tout ce qui lui est acquis justifie, répliqua la princesse. M. de Mauran, quoique bien jeune, a mérité une protection bien auguste, celle de Sa Majesté, qui le voit avec une bonté toute particulière : on ne parle que de la distinction qu'il a obtenue hier.

» — Qu'elle est-elle ? demanda l'Italienne avec affectation.

» — Rien que d'être devenu le partner de la Reine au divertissement favori de la cour, dit madame d'Egmont.

» — Bon dieu! s'écria M. de Chatellux, est-ce possible! mais cela promet beaucoup!

» — Oui, reprit madame d'Egmont, n'est pas admis à cette faveur qui la brigue vivement. Voilà, par exemple, mon frère, qui paierait d'une forte somme la grâce d'un tel choix. »

Le duc de Fronsac écoutait ce dialogue et son cœur était déchiré, quoique ses traits exprimassent l'indifférence; mais à l'attaque directe que lui fit sa sœur, il ne put s'empêcher de tressaillir, et un mécontentement rapide se montra un instant sur ses traits; il se hâta de le comprimer et de répondre que M. de Mauran était né sous une étoile bien favorable, et que certes il méritait ce que lui n'obtenait pas.

Exupère répondit avec modestie. Le marquis de Chatellux reprenant la parole exagéra tant la fantaisie de la Reine, qu'il acheva d'exaspérer le duc de Fronsac. Celui-ci, emporté par un transport dont il ne fut pas le maître, dit avec amertume :

« Il y a de ces jeunes arbrisseaux dont des fleurs précoces embellissent les premières années et qui meurent des rigueurs de l'hiver avant d'avoir acquis leur pleine croissance.

» — Ah ! Monsieur, répondit madame d'Egmont, vous auriez pu vous dispenser d'un tel présage.

» — Le duc a voulu par amitié pour

Monsieur, dit le marquis de Chatellux, faire l'office de la tête de mort qu'on place dans certaines occasions devant l'empereur de la Chine, afin de lui rappeler le néant des vanités humaines.

» — Toujours est-il, dit madame d'Egmont, qu'il y a mieux à pronostiquer à un jeune homme. »

CHAPITRE XXXIX.

La vengeance est active.

Haud quisquam honesti flera quod voluit potest.
SENÈQUE. *Hyp.*, act. IV, scèn. 1.
On a mauvaise grâce de se plaindre du malheur qu'on s'est attiré.

Les jours se suivent et ne se ressemblent pas : c'est un vieil adage pleinement justifié par l'expérience. La prospérité de la veille n'a rien de commun avec l'infortune du lendemain. La position des choses humaines varie avec une instabilité dont nous ne cessons d'avoir la preuve, et qui cependant ne cesse de nous étonner toujours, comme si elle nous atteignait une première fois; notre cœur a de la peine à s'accoutumer à de pareilles vicissitudes. Lui, si inconstant dans ses goûts, dans ses volontés, dans ses fantaisies, demande à tout ce qui n'est pas lui une fixité dont il ne donne aucune marque.

Exupère, par exemple, autant satisfait de son sort qu'on peut l'être, éprouva un chagrin violent à la réception de l'ordre inattendu que l'on lui expédia des bureaux du ministre de la guerre, pour lui enjoindre de partir sur-le-champ à l'effet d'aller à Metz à son régiment prendre possession de sa compagnie. Cet ordre fâcheux, imprévu de tout point, arrivait d'autant plus mal-à-propos que le carnaval n'était pas fini et qu'il y avait espoir de se divertir beaucoup encore.

Ce fut donc avec une vive impatience qu'il froissa dans ses doigts le papier déplaisant, et que, frappant la terre du pied, il se permit d'envoyer à la promenade les bureaux de la guerre, les premiers commis et le marquis de Ségur lui-même. Il crut d'abord que ceci pouvait être l'effet d'un malentendu, et se rendit en toute hâte auprès de M. Meslin, chargé en ce moment du personnel des officiers. Il fut reçu avec une froideur désespérante, et ne put obtenir que la certitude que son ordre de départ sortait du cabinet du marquis de Ségur.

Exupère alors courut chercher M. de Rochemare, lui conta le cas, et le supplia de savoir du ministre pourquoi on le faisait partir aussi précipitamment. Le vieux seigneur lui donna rendez-vous au lendemain, pour lui communiquer la réponse qu'il irait solliciter, et on doit croire qu'Exupère n'eut garde de manquer au rendez-vous.

En entrant dans l'appartement du marquis de Rochemare, il vit, sur le visage de celui-ci, quelque chose de solennel, de chagrin et de mauvais augure.

« Monsieur de Mauran, lui fut-il dit, j'ai vu le ministre; sa décision à votre égard doit être maintenue; je n'ai pu même le prier de vous accorder un délai. Ce que vous avez de mieux à faire est de vous soumettre et de partir au jour indiqué.

» — Eh! pourquoi cette rigueur, Monsieur ? répondit Exupère ; ne m'est-elle pas d'autant plus fâcheuse, qu'elle laisse peser sur moi une sorte de défaveur....

» — Partez, partez, c'est tout ce que je peux vous dire. Vous êtes jeune et avez besoin de maturité. Croyez que le ministre, en vous éloignant de Paris et de Versailles, vous rend un service éminent.

» — Dont il me sera impossible de lui témoigner ma reconnaissance, répartit Exupère encore plus chagrin. Mais, Monsieur, à la forme mystérieuse de votre réponse, à ce je ne sais quoi de triste que je remarque sur votre front, ne dois-je pas pressentir que mon envoi au régiment est une sorte de peine que le marquis de Ségur croit devoir m'imposer?

» — Vous êtes jeune, je vous le répète, il est bon que pendant un peu de temps vous alliez hors de Paris oublier des espérances téméraires que vous n'eussiez pas dû former, et moins encore faire connaître. Dispensez-vous de me questionner, je ne vous répondrais pas; il y a des sujets de conversation qu'il faut éviter, même en tête-à-tête. »

Le marquis de Rochemare, en conséquence de cette règle de conduite, se refusa à expliquer l'ambiguité de son propos, malgré les vives instances qu'Exupère lui adressa à cet effet. Notre héros le quitta très mécontent, se demandant de quoi il pouvait être coupable et commençant à redouter d'être encore une fois la victime de quelque méchanceté secrète, et tout aussitôt la personne du duc de Fronsac vint se présenter à sa pensée.

Il sortit donc fort inquiet ; sa course le conduisit machinalement chez madame de Polignac qu'il trouva seule, et qui à sa vue manifesta un embarras extrême.

« Comment ! mon cousin, dit-elle, était-il bien nécessaire de venir provoquer une explication dangereuse après ce que je vous ai mandé ? »

Ces mots surprirent plus encore Exupère, qui certifia à la duchesse ne pas avoir reçu le billet auquel elle faisait allusion. Mais, ajouta-t-il, si j'en juge d'après ce qui vient de vous échapper, son contenu ne peut que m'en être désagréable ; épargnez-moi donc la peine de le lire et accablez-moi de vive-voix si vous croyez devoir le faire.

Madame de Polignac, naturellement douce et bonne, manifesta un vif chagrin de la demande de l'ex-premier page; plus elle se défendait, plus lui augmentait d'instances. Enfin il parvint à la décider à parler.

« Vous me forcez, dit-elle, à ce qui m'est le plus désagréable ; pensez-vous qu'il me soit peu pénible de vous inviter à cesser de venir ici ?

» — Me bannir de chez vous ! s'écria Exupère en rougissant, et pourquoi, s'il vous plaît? par quel crime me suis-je rendu indigne de cette préférence?

» — Par celui très commun à ceux de votre âge, par l'imprudence, l'irréflexion et une forte dose de bonne opinion de soi-même.

» — Tout cela sont des mots, c'est la chose qu'il faut me dire et que certes vous ne pouvez me taire, puisqu'elle provoque mon déshonneur, car c'est être déshonoré que de se voir chassé de chez vous.

» — J'ai tout fait, répliqua la duchesse, pour vous éviter ce désagrément; mais il a fallu céder à une haute influence. Se peut-il que vous ayez pu interpréter malignement les marques de bienveillance de mon auguste amie, et vous vanter en public...

»—Ah! Madame, répartit le jeune page avec un surcroît de véhémence, ceci est encore une calomnie cent fois plus odieuse que celle propagée sur mon compte il y a quelque temps. Quoi! j'aurais indignement abusé des bontés de la Reine! j'en suis incapable; ceux qui l'ont dit en ont menti, et je les forcerai d'en convenir.

» — Mon cousin, répondit madame de Polignac, remonter à la source de ces bruits, les confondre avec éclat, agraverait le mal en vous justifiant de la faute : telle est votre position fâcheuse sous tous les aspects. Comprenez ce qui rejaillirait sur la Reine, si son nom était compromis dans un acte de vigueur de votre part. Le coup est porté sourdement: on n'en cause guère; redoutez qu'il arrive plus haut. Une méchanceté atroce vous poursuit-elle? je le crains; soumettez-vous cependant à sa ruse infernale, et en en devenant la victime volontaire, réparez tant que vous pourrez une étourderie peut-être ; quittez ce pays, allez à votre garnison, on ne vous oubliera pas, mais surtout point d'esclandre, il vous serait funeste, et la Reine qui ne sait rien, serait obligée de tout savoir. »

Exupère anéanti comprenait maintenant et la réserve sévère du marquis de Rochemare et le commandement du ministre de la guerre ; il était sous le poids de quelques allégations mensongères. Ses ennemis avaient profité des bontés de la Reine pour supposer de sa part une présomption étrangère à sa bonne foi. Mais quels étaient ces ennemis ' Un instinct précis les lui désigna, ou plutôt ne lui en montra qu'un, autour duquel les autres se rangeaient comme des instrumens de sa haîne Il se nomma le duc de Fronsac, et son cœur lui répondit affirmativement.

Mais en présence de la duchesse de Polignac, et dans la crainte qu'elle ne mît des obstacles à la résolution qu'il prenait de punir enfin, s'il lui était possible, la persistance de cette haîne qui lui devenait insupportable, il ne manifesta par aucune parole indiscrète sur qui portaient ses soupçons ou sa certitude; il se contenta de se justifier avec véhémence, de prendre à témoin tout ce qu'il y a de plus sacré dans le ciel et chez les hommes, que jamais il n'avait commis l'infâme action qu'on lui imputait.

Madame de Polignac qui, elle aussi avait tant à se plaindre de la malice des courtisans, devait plus que toute autre être facile à revenir des impressions injustes qu'on lui avait donné contre son jeune parent; elle apprit à Exupère que les bruits de son indiscrétion prétendue étaient revenus à la Reine, et que c'était par le commandement exprès de celle-ci qu'elle lui interdisait de venir dorénavant à ses soirées.

Exupère la conjura de le blanchir

auprès de la princesse, s'engageant en même-temps à ne faire aucune démarche qui pût le faire rester à Paris. Il quitta encore cette maison avec un redoublement de mauvaise humeur, surtout lorsqu'il vint à songer qu'il faudrait abandonner Noéline et tout ce qui lui rendait l'existence si agréable. Cette pensée augmenta la colère qui remplissait son cœur, et il se jura plus que jamais de mettre obstacle à la joie que son ennemi mortel aurait de son éloignement.

« Certes, se dit-il, je suis dégagé à cette heure de toute promesse faite au maréchal de Richelieu ; je m'étais soumis à son désir, j'avais pardonné le passé à son indigne fils ; mais en me réservant de rentrer dans tous mes droits si le duc de Fronsac tentait contre moi quelque nouvelle scélératesse. Il l'a fait, je le saurai de sa bouche, et si je ne me trompe pas, eh bien ! ma vie vaut la sienne, et je ne balancerai pas à m'exposer pour le punir. »

Il y a dans tous les événemens de notre carrière des chances funestes qui décident à l'improviste de notre sort, qui nous exposent tout-à-coup à des périls dont un instant auparavant nous ne soupçonnions pas les approches. Exupère était aussi destiné à en faire la pénible épreuve. Il venait de traverser le grand escalier de Versailles pour entrer dans la salle des gardes de la Reine, lorsque le duc de Fronsac se présenta inopinément devant lui. A cet aspect il ne put dompter son indignation, et peu maître de ses sentimens, car il ne possédait pas encore toute la retenue d'un vieil habitué de la cour, il laissa paraître une partie de ce qui l'agitait.

Le duc s'approcha de lui avec plus de calme et comme s'il était indifférent à l'émotion du page; sa figure riante, une sorte de douceur dans ses yeux, contrastaient avec les traits enflammés et hautains de son antagoniste, qui paraissait décidé à ne pas s'en apercevoir. Peut-être si celui-ci se fut contenté de saluer Exupère et de passer son chemin, l'explosion qui devait avoir lieu aurait été retardée; mais ne présumant pas les chances de l'avenir, il s'avança vers lui, et avec gaîté lui demanda des nouvelles de sa santé, de ses plaisirs et de ses affaires. Exupère crut démêler du persifflage dans ce propos et dans le choix des objets qu'il y ramenait, aussi se hâta-t-il de répondre :

« Ma santé, monsieur le duc, est bonne jusqu'à nouvel ordre; mes plaisirs sont sur le point d'être dérangés ainsi que mes affaires le sont, grâces aux piéges que l'on m'a tendus sous les apparences de la protection et de l'amitié.

» —Eh! voilà que vous faites ainsi que les gens fâchés, attribuant aux autres vos propres torts; car enfin, si vous avez des dettes, vous étiez le maître de ne pas en avoir : le libre arbitre reste toujours à notre disposition.

» — Oui, lorsqu'on n'a point auprès de soi un esprit tentateur qui pousse aux fautes, aux folies, et qui ensuite va lui-même provoquer notre châtiment.»

Quelque chose d'étrange et de méchant augure passa rapidement dans les yeux du duc, qui répliqua :

« Je ne sais jamais ce que veulent dire des paroles détournées ; il me semble que l'on doit reprocher aux gens et en face les griefs qu'on leur impute, afin de leur laisser la facilité de se justifier ou non, suivant leur fantaisie.

» — Dans ce cas, monsieur le duc, je me plaindrai à vous, d'abord de la protection désagréable pour moi que vous avez accordée à l'abbé Romar auprès de l'ex-ministre de la guerre.....

» — Vous savez cela? j'en suis fâché; c'est de l'histoire ancienne. Mais comment diable en gardâtes-vous le secret?

» — Par obéissance pour monsieur votre père.

» — Il vous en doit des remercîmens et non pas moi. Mon père a pris à tâche de vous soutenir : vous possédez en lui un appui solide. Est-ce tout, M. de Mauran?

» — Non, monsieur le duc, et puisque vous me le demandez, j'ajouterai...

» — Jeune homme, dit le duc en l'interrompant, prenez garde et répétez-le bien au maréchal, que je ne vous questionne pas sur ce qui peut nous brouiller ensemble; mais vous paraissez avoir envie de me quereller, et je vous écoute en attendant mieux.

» — Et le mieux, monsieur le duc, aura lieu quand il vous plaira; car je présume qu'il ne vous conviendra point de démentir les bruits calomnieux qui m'ont perdu auprès de la Reine.

» — Je vous comprends; vous prétendez me rendre responsable de toutes vos imprudences. Pourquoi ne m'accusez-vous pas aussi d'avoir provoqué l'ordre de votre départ pour le régiment ?

» — Et d'où savez-vous qu'il doive avoir lieu, puisque je ne l'ai dit encore qu'à deux personnes dont la discrétion m'est assurée; si vous n'y aviez pris une part?....

» — Comte de Mauran, répliqua le duc en lui coupant une seconde fois la parole, je vois avec regret que la fortune nous a placés tellement en présence l'un devant l'autre, qu'il faut qu'un de nous deux s'efface pour que l'autre puisse librement poursuivre son chemin; je ne me sens pas d'humeur de vous céder le passage, et je crois que cette envie ne vous viendra pas non plus. Dès-lors il ne nous reste.... ai-je besoin d'achever de m'expliquer?

» — Non, non, reprit Exupère avec impétuosité, toute explication est inutile lorsque vous répondez si bien à ma pensée.

» — Parlez plus bas, dit le duc, nous sommes dans un appartement royal, et ici toute provocation est un crime. Aurai-je l'honneur de recevoir vos ordres?

» — C'est moi, monsieur le duc, qui prendrai les vôtres; je crois vous avoir offensé le premier.

» — C'est possible, et vous avez tort de me le rappeler, répliqua le duc; et puis avec un rire de colère profonde, et moi celui plus grand encore de ne pas vous en punir d'abord. Eh bien! demain à dix heures du matin à la porte Maillot ou derrière Montmartre.

» — A Montmartre, si vous voulez.

» — Les armes seront celles des gentilhommes français, à moins que celles de l'Angleterre nouvellement mises à la mode ne vous soient plus agréables.

» — Je préfère l'épée, elle est plus certaine.

» — Oui, il y a moyen de faire un coup fourré, et lorsque l'on tombe à deux, on n'a ni regret ni reproche à se faire. A demain donc.

CHAPITRE XL ET DERNIER.

Le coup fatal.

*Il court à la vengeance et il commet un crime.
Rétif de la Bretonne.

« Ceci te fera honneur, Exupère, et tu complètes merveilleusement tes débuts dans le monde. Certes, un duel avec un duc et pair, un échappé des pages en présence d'un premier gentilhomme de la chambre, la rencontre aura de l'éclat, et tu en auras tous les agrémens possibles. Tu es aussi par trop heureux, et une bonne fortune pareille ne m'arrivera jamais.

» — Je te la céderais de bon cœur, répliqua Exupère au chevalier de Telnange ; assurément lorsque j'ai fait un appel à M. de Fronsac, je ne songeais ni à son rang ni à la gloire de l'avoir pour adversaire ; je n'ai vu en lui que mon ennemi acharné, d'autant plus dangereux que c'était sous des formes bienveillantes qu'il cachait sa noirceur et sa méchanceté. Le punir et me venger, cela me suffit ; peu m'importe le reste. »

Exupère se tut un instant, puis avec un demi-soupir.

« Pauvre Noéline ! dit-il.

» — Eh bien ! à quoi vas-tu rêver ? Est-ce que cette jolie enfant saura un mot de ton affaire ? elle embrassera le vainqueur.

» — Non, elle viendra pleurer sur ma tombe !

» — Fi de pronostiquer ainsi ! les choses se passeront mieux. Le duc et toi êtes en présence, on se salue, on se met en garde, on croise le fer, on porte deux ou trois bottes, une goutte de sang coule de la main, du bras, n'importe d'où ; les témoins accourent, vous séparent, on se fait des politesses, on s'embrasse, on se quitte, et pendant quatre jours au moins tout Paris parle de vous.

» — Que je reste couché sur le champ de bataille, s'écria Exupère en tressaillant, avant que ma main presse celle du duc et que nos joues se rapprochent. Non, non, nous ne quitterons pas ensemble et de bonne amitié le lieu du combat; un de nous deux y demeurera.

» — Pourquoi prendre une résolution aussi extrême ? dit Telnange avec une sorte d'émotion dont son ami ne le croyait point capable, ne poussons jamais rien à bout. Tu es offensé, un duel, quelle que soit son issue, répare le mal qu'on t'a fait. Aller plus avant, c'est folie en vérité. Si je présumais que tu manquasses de sagesse, j'irais te dénoncer au tribunal de messieurs les maréchaux de France. Promets-moi de te modérer. »

Exupère ne répondit pas. Il questionna ensuite Telnange, qui déjà avait eu plusieurs affaires, sur ce qu'il appela le cérémonial d'un duel. Le second page, rendu par cette demande à la légèreté de son caractère, se mit à professer en amateur consommé. Son récit fut long; Exupère, quand il eut pris fin, le quitta pour aller voir Noéline. Il traversait la rue Saint-Martin lorsqu'il vit devant lui l'abbé Romar, qui, en se retournant, le reconnut aussi. Un autre que cet homme méprisable aurait continué son chemin, mais lui qui avait toute honte bue, se rapprocha de son ex-disciple.

« Triomphez, M. le comte de Mauran ! lui dit-il, vous êtes parvenu à vos fins en m'empêchant d'obtenir le prieuré de Fontaude; il est donné d'avant-hier, et je quitte Paris dans une heure : c'est le résultat de votre ingratitude et des mauvais offices que vous m'avez rendus.

Exupère écouta l'abbé jusqu'au bout, le regarda ensuite avec mépris, et le quitta sans daigner lui répondre. Ce méchant prêtre, dévoré de rage de n'avoir pu obtenir ce qu'il souhaitait avec tant d'ardeur, tomba peu après dans une monomanie furieuse, et termina ses jours misérablement; on aurait dit que la colère divine n'avait pas voulu l'attendre à une autre vie pour le punir de sa conduite en celle-ci.

Jamais Noéline n'avait été plus séduisante et plus heureuse. Sa sœur, entièrement rendue à la santé, se préparait à la faire jouir de tous les agrémens de la fortune en lui procurant une existence brillante; elle allait l'amener dans une maison à elle, somptueusement meublée et où le luxe l'environnerait; Noéline en parla à son amant avec une joie enfantine, et lui laissa entrevoir ses espérances dans l'avenir. Exupère sourit mélancoliquement.

« Mon ami, lui dit-elle, ne serai-je pas à toi pour toujours?

» — Est-ce que tu ne l'es point déjà? répondit-il; ne sommes-nous pas liés par une chaîne durable?

» — Je la veux indissoluble, lui dit-elle en le caressant avec amour, en rapprochant sa tête charmante de la sienne. Oh! songes, Exupère, que je me suis fiée à tes sermens.

» — Je ne les rétracte point, reprit-il; mais puis-je les tenir maintenant? je suis si jeune, et il faut que je me rende cette année à ma garnison...

» —Je t'irai voir, dit Noéline, avec ma sœur; oh! que nous aurons de bonheur ensemble! nous ne nous séparerons jamais, car je suis décidée à te suivre partout où tu iras... »

A ces mots Exupère songea où peut-être le lendemain il serait placé sans retour, et il frémit à la promesse téméraire de la jeune fille.

« Non, lui dit-il, il ne faut point me suivre partout où je pourrai aller; je prétends aussi que tu me jures de ne venir que là où je t'appellerai.

» — Est-ce pour te séparer de moi? répliqua-t-elle; ah! ne te flattes point que je te cède là-dessus; je mettrai mes pas où tu auras mis les tiens et je passerai par la route que tu aurais prise : elle me conduira au bonheur, j'en suis certaine.

» — En effet, dit Exupère en se parlant à soi-même, le bonheur doit être là où l'on rencontre le repos éternel. »

Noéline était loin de comprendre le sens caché de ce propos; elle n'y vit qu'un assentiment à sa fantaisie, et elle redoubla les marques de tendresse qu'elle prodiguait à son amant. Celui-ci ne pouvait la quitter ce jour-là; jamais il n'avait eu un tel besoin de se trouver avec elle; quelque chose de funeste agissait en lui; il rêvait sans cesse au combat du lendemain, et craignait moins sans doute la valeur de son adversaire que la haine que lui-même portait à celui-là. Il détestait le duc de Fronsac avec une violence telle, qu'il avait peur de ne pouvoir maîtriser ses mouvemens en sa présence, et soit la mort du duc, soit la sienne, pourrait à peine le contenter. Il parvint à ne point éveiller l'inquiétude de Noéline, qui ne le laissa partir qu'après avoir exigé sa parole d'honneur que le jour suivant il viendrait souper avec elle.

Un désir secret l'amena ensuite chez Sophie : il y trouva le duc de Fronsac. Exupère à sa vue ne put contenir un mouvement que le duc vit et qui le fit sourire ; il ne parut pas néanmoins vouloir s'en tourmenter, car il déploya toutes les ressources de son esprit fin et malicieux, passa en revue la cour et la ville et fut réellement amusant. Sophie, montée à l'unisson, fit assaut de plaisanteries. Exupère tâcha de les imiter sans y parvenir. Enfin mademoiselle de Lagrange lui dit qu'elle espérait l'avoir à souper le lendemain avec plusieurs personnes aimables qu'il serait charmé de rencontrer.

Il répondit involontairement qu'il craignait de ne pouvoir pas avoir cet honneur.

« Eh! pourquoi ne viendriez-vous point, comte de Mauran? se mit à dire le duc; si vous avez des affaires, accommodez-les de manière à ce qu'elles vous laissent libre.

» — Leur issue, répliqua-t-il, est

trop incertaine pour que je puisse m'engager avec Madame.

» — Je suis convaincu, répartit le duc, que si vous êtes sage, il dépendra de vous de les terminer avantageusement.

» — J'en doute, Monsieur.

» — A la bonne heure. Vous devez savoir ce que vous avez à faire ; tâchez cependant que Mademoiselle ne perde pas un convive qui embellira son souper. »

Il y avait une sorte de sensibilité dans ces paroles de M. de Fronsac qui lui était tellement étrangère, que notre héros en fut surpris ; il eut un instant une pensée défavorable au courage de son ennemi, mais il la repoussa : la bravoure de ce seigneur était trop bien établie.

Sophie, qu'un grand usage du monde rendait susceptible de deviner ce qui ne frappait même pas les regards du public, trouva quelque chose d'extraordinaire dans ce dialogue, dont elle ne put se rendre compte; elle se mit à dire alors :

« Il paraît, Messieurs, que vous vous entendez à mi-mot. Je ne suis pas digne sans doute d'être admise dans votre confiance.

» — Je ne cacher taire, dit le duc, que je sais les projets de M. de Mauran pour demain, et si cela ne dépend que de moi, il viendra s'asseoir à votre table. »

Exupère se tut, la conversation continua, changea d'objet, et peu après il se retira. Il descendait à pas lents et enseveli dans ses pensées l'escalier de la maison de Sophie, lorsqu'il s'entendit appeler par le duc de Fronsac qui le suivait; il s'arrêta.

« M. de Mauran, dit-il, voulez-vous m'honorer d'un tour de promenade sur le boulevard?

» — Volontiers, M. le duc. »

Ils sortirent, et leurs voitures les suivaient sur la chaussée. Le duc, après une prolongation de silence:

« Auriez-vous du plaisir à souper chez mademoiselle de Lagrange?

» — J'y en ai toujours trouvé.

» — Eh bien! avouez que vous avez écouté trop à mon égard vos préventions.

» — Je les ai trop longtemps contenues.

» — Telle est votre réponse, jeune homme ?

» — Je ne puis en faire d'autre.

» — Tant pis pour vous et pour moi. Vous pourrez dire à mon père que j'ai été au-delà de ce que je devais faire, et ceci dans le seul but de le contenter.

» — Vous prendrez ce soin peut-être, Monsieur.

» — Cela se peut, les armes sont journalières. Ce qu'il y a de certain, c'est qu'il y aura deux couverts à donner demain au soir chez Sophie, et qu'elle pleurera sans doute, car elle nous aime. Oh ! vous êtes chéri des femmes !

» — J'ai son amitié.

» — Et plus encore, je sais tout. Vous m'avez offensé de toutes manières, et pourtant j'étais prêt à tout oublier Je ne suis.... N'avez-vous plus rien à me dire?

» —Qu'à vous assurer de mon exactitude au rendez-vous. »

Le duc pâlit, ses yeux s'allumèrent; il s'arrêta et dit :

« J'ai été trop loin. »

Il salua et monta dans sa voiture. Exupère, mécontent de lui-même, entra aussi dans son cabriolet ; il revint chez lui, passa la soirée à écrire à son père, à sa mère, à Noéline, à Sophie, sans oublier Amédée de Flormeil; il fit ses dispositions comme si sa vie eût été au bout de l'épée du duc de Fronsac. Ce soin terminé, il se livra au sommeil et il dormit, car à son âge la nature ne perd jamais ses droits.

Telnange vint le rejoindre de bonne heure, Telnange ne parut pas en éventé selon son usage; il était grave et silencieux ; il se fit bien expliquer les motifs de la querelle, afin de pouvoir cumuler avec le rôle de second l'emploi de juge du camp. Cela fait, et un déjeûner lestement expédié, ils se mirent en route pour aller au lieu du rendez-vous indiqué au nord de Montmartre. On devait se rejoindre à la barrière des Martyrs.

Comme les deux amis y arrivaient, le duc, avec un officier aux gardes françaises, parut de son côté ; on se fit réciproquement un accueil poli, et ensuite on chemina vers un endroit favorable; on le trouva derrière une maison isolée et inhabitée pendant l'hiver. Plusieurs murailles placées en angles opposés les dérobaient à la curiosité publique. Les deux témoins s'écartèrent ensemble, causèrent quelque temps, puis revinrent et tâchèrent d'engager les deux adversaires à s'entendre sur leurs griefs respectifs.

« La chose est bien aisée, dit le duc; Monsieur croit que je lui ai nui : je ne lui demande que de ne pas se fier aux apparences.

» — Ce serait douter de la vérité, répondit Exupère.

» — Dans ce cas, Messieurs, répliqua le duc en s'adressant aux témoins, votre rôle de pacificateurs est terminé; il ne nous reste plus qu'à faire le nôtre : je n'ai plus rien à me reprocher en tout ceci. »

Les assaillans tirèrent leur épée et le combat commença; l'adresse le prolongea plusieurs minutes sans avantage marqué de part ni d'autre; la lassitude le suspendit un instant. Les témoins profitèrent de ce repos et insistèrent pour que tout fût fini.

« Je le veux bien, dit le duc.

» — Je ne le veux pas, reprit Exupère.

» — Ah! désormais de la condescendance serait de la lâcheté! s'écria M. de Fronsac. »

Et l'attaque reprit avec une nouvelle vigueur qui aurait pu passer pour de la furie. Tout-à-coup Telnange poussa un cri horrible et se précipita en avant pour recevoir Exupère, qui tomba dans ses bras percé de part en part.

. . . .
. . . .

Les soins de Sophie, ceux de mademoiselle de Lespart, cachèrent pendant longtemps cette funeste catastrophe à Noéline, qui amenée à la campagne, crut d'abord son amant parti pour sa garnison sans avoir voulu prendre congé d'elle, et puis instruite de sa mort, ne s'occupa plus des choses de ce monde. Une morne mélancolie s'empara de son ame, et il fallut plusieurs années pour cicatriser sa cruelle blessure, encore ce ne fut qu'imparfaitement; elle languit, et au milieu de la révolution française, expira en prononçant le nom d'Exupère, et de sa sœur, qui eût la douleur extrême de lui survivre, et qui ne trouva de repos que dans la tombe, où elle descendit bientôt après, en laissant à Sophie, digne de récompense, une partie de ses biens.

Avant cette époque, et peu après le résultat du duel malencontreux, le maréchal duc de Richelieu envoya chercher le duc de Fronsac Celui-ci arriva bourrelé de remords et inquiet de ce que son père allait lui dire. Le vieillard impérieux et presque insensible, pleura presque à la vue du duc et fit en même-temps un geste comme pour le repousser.

« Eh bien! lui dit-il, vous avez

manqué à votre parole ; ne vous avais-je pas demandé de respecter ce jeune homme ?

» — J'ai tout fait, Monsieur, pour le détourner de venir à moi.

» — Non, car vous avez cherché à lui faire du mal tant que vous avez pu. Devait-il souffrir vos attaques et ne pas y répondre ? Vous rendrez un compte terrible du sang que vous avez versé... savez-vous quel il était... celui de votre frère !!!

FIN DU TOME QUATRIÈME ET DERNIER.

On trouve chez le même Libraire les ouvrages suivans :

ROMANS NOUVEAUX.

L'ELÈVE DE L'ÉCOLE POLYTECHNIQUE, 3 vol.; par Hippolyte V. Prix.   9 fr.

LA NUIT DE SANG, 4 vol. in-12; par Fleury. Prix.   12 fr.

LA FAMILLE D'UN CONDAMNÉ, 1 vol. in-12; par Fleury. Prix.   3 fr.

Sous presse :

LE POMPIER, roman de mœurs; 5 vol. in-12. Prix.   15 fr.

ROMANS ANCIENS.

LE DERNIER CHOUAN, ou LA BRETAGNE AU 19ᵉ SIÈCLE, 4 vol. in-12; par Balzac. Prix.   12 fr.

LE MONASTÈRE DES FRÈRES NOIRS, ou L'ÉTENDARD DE LA MORT, 4 vol. in-12; par le baron de Lamothe Langon. Prix.

ANATOLE, 2 vol. in-12; par Sophie Gay. Prix.   5 fr.

HENRI, ou L'HOMME SILENCIEUX, par Mme. Dudrezène ; 4 vol. in-12. Prix 12 fr.

L'OISELEUR, par Mme. Dudrezène, 3 vol. in-12. Prix.   9 fr.

LA CONFESSION DE MA TANTE, par madame Jenni Bastide; 4 vol. in-12. Prix. 12 fr.

LE CONSPIRATEUR, par Dinocourt; 6 vol. in-12. Prix.   20 fr.

Et généralement tous les romans anciens et nouveaux.

On se charge également de compléter les romans, voyages, mémoires.

On doit affranchir les lettres de commission.

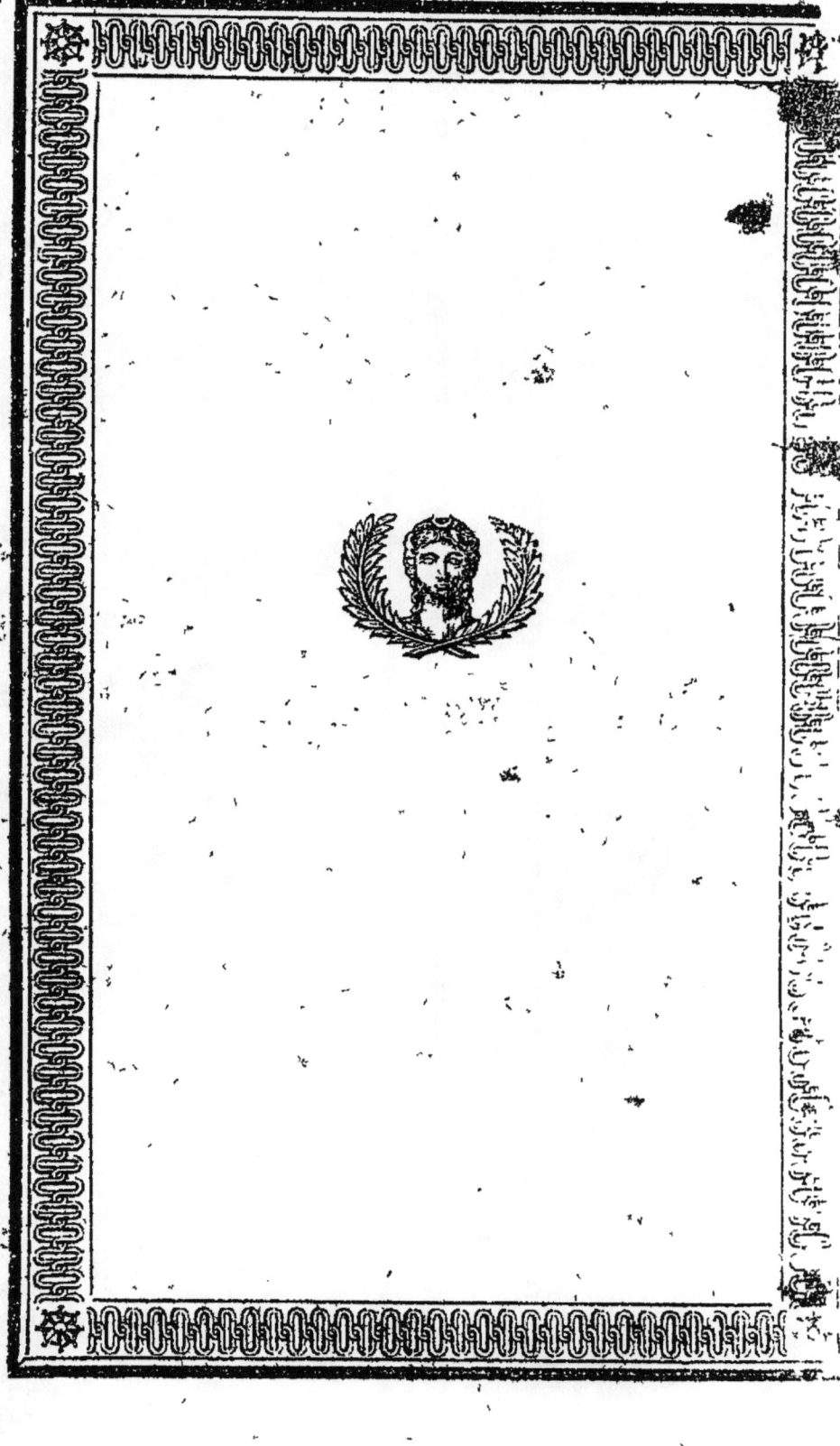

www.ingramcontent.com/pod-product-compliance
Lightning Source LLC
Chambersburg PA
CBHW071908160426
43198CB00011B/1221